A Theory of Human Need
by Len Doyal & Ian Gough

L.ドイヨル　I.ゴフ
必要の理論

[監訳]
馬嶋裕・山森亮
[訳]
遠藤環・神島裕子

keiso shobo

A THEORY OF HUMAN NEED
by Len Doyal & Ian Gough

Copyright©1991 by THE MACMILLAN PRESS LTD
First published in English by Palgrave Macmillan, a division of
Macmillan Publishers Limited under the title
A THEORY OF HUMAN NEED by Len Doyal and Ian Gough

This edition has been translated and published under licence
from Palgrave Macmillan through The English Agency(Japan) Ltd.
The Authors has asserted his right to be identified as the author of this Work.

目 次

序　章 …………………………………………………………………… 1

第Ⅰ部　相対主義と人間の必要という問題

第1章　誰が人間の必要を必要としているのか？ ……………… 9
　　1.1　正統派経済学：必要とは選好である　9
　　1.2　新しい右翼：必要は危険である　11
　　1.3　マルクス主義：必要は歴史的である　13
　　1.4　文化帝国主義批判：必要は集団固有のものである　15
　　1.5　根源的民主主義：必要は言説的である　19
　　1.6　現象学的議論：必要は社会的に構築されたものである　22

第2章　人間の必要の不可避性 ……………………………………… 27
　　2.1　正統派経済学：評価の循環性　27
　　2.2　新しい右翼：結局のところ普遍性　30
　　2.3　マルクス主義：決定論という冷笑的な眼差し　33
　　2.4　文化帝国主義批判：抑圧の客観性　36
　　2.5　根源的民主主義：集団の道徳のロマン化　37
　　2.6　現象学的議論：社会的実在の反撃　39

第3章　「必要」の文法 ………………………………………………… 43
　　3.1　衝動としての必要　43
　　3.2　目標と戦略としての必要　48
　　3.3　必要，相対主義，道徳性　53

第Ⅱ部　人間の必要の理論

第4章　身体的健康と自律：諸個人の基本的必要 ………………… 61
　　4.1　人間の行為と相互行為の前提条件としての必要　62

i

目 次

  4.2 基本的必要としての生存／身体的健康 71
  4.3 基本的必要としての自律 75
  4.4 必要充足の比較における諸問題 88

第5章 基本的必要充足の社会的前提条件 ……………………97
  5.1 個人の自律の社会的側面 97
  5.2 四つの社会的前提条件 102

第6章 人間解放と必要充足への権利 ………………………115
  6.1 義務，権利，道徳的相互性 116
  6.2 特殊な責務と必要充足の最適化 134
  6.3 相対主義と人間解放への見通し 140
  6.4 補論：敵の必要充足への権利 145

第7章 理論における必要充足最適化 ………………………151
  7.1 ハーバマスと合理的コミュニケーション 156
  7.2 ロールズ，正義そして最適な必要充足 165
  7.3 ロールズの修正 171
  7.4 ロールズ批判 176
  7.5 国際主義，エコロジー，未来世代 184

監訳者あとがき 191
参考文献 197
事項索引 213
人名索引 221

凡　例

- 本書は，Len Doyal and Ian Gough, A Theory of Human Need, London: Macmillan, 1991. の部分訳である．
- 文中の（　），──は原則として，原著者によるものである．ただし原文中の（　），──の一部は取り外して訳出した．また英語のその他の原表記を監訳者または訳者が示すさいにも（　）を用いた．
- 原文中の引用符は原則「　」で括った．なお原文引用符中の引用符は『　』で括った．
- 原文中でイタリック体で記された箇所は，原則として，傍点を付した．ただしギリシャ語やラテン語句の挿入や，小見出しなどにイタリック体が利用されていた箇所などについては，その限りでない．
- 〔　〕は監訳者または訳者による挿入である．
- 引用文中，邦訳のあるものはなるべく参照し利用させて頂いたが，都合によって訳を改変している場合もある．最終作業時，監訳者の一人は，大学図書館等への十分なアクセス権がなく，もう一人は国外に滞在していたため，存在するすべての邦訳には当たれていない．なお，引用文献の原著書誌における漏れや誤りについては，監訳者が気づいた範囲で訂正を行った．

序　章

　人間の必要という観念は，広く用いられている．時にそれは，社会政策の正当化を試みる際に使われる．たとえば「虚弱な高齢者はより安全な住居を必要としている」というように．時には社会政策を批判する際にも使われる．たとえば「英国の学校教育は子どもたちの必要を満たしていない」というように．このように必要という観念を使うことはあまりに一般的であるため，それなしでどのようにものを考えられるのかを想像するのは難しい．必要に基づいて物事の優先順位を決めることは避けられないのではなかろうか．だが必要という観念はまた，すでに広い範囲にわたって濫用されてもいる．必要充足についての専門知識をもとに，政策策定者たちは，惨憺たる社会政策を正当化し，実施している．評判の悪い公営住宅や，時に尊大でおせっかいな福祉給付の決定に携わる人たちなどはその例である．こうした濫用は，『必要に対する独裁』(Feher et al., 1983) という著作のなかで示されたように，旧東側陣営の体制において顕著であった．実際，そのような濫用が目に余ったために，人びとの間で共通な必要が存在するという考え方，そしてそれが画一的な仕方で首尾よく充足できるものだという考え方を多くの人びとが拒絶するようになったのである．

　こうした拒否反応は，より一般的な懐疑主義と手を携えている．すなわち普遍的・客観的であると考えられてきた合理性や実在などの概念が一貫性をもち得るのかどうかということ自体が疑われているのである．そうした疑念にもとづく批判においては，世界が理論化され認識される仕方に言語や文化の差異がおよぼす影響が強調され，すべての人間の必要は根本的には同じであると主張する理論の重要性は拒絶されるか，最小限度に見積もられる．経済学者，社会学者，哲学者，自由主義者，自由至上主義者，マルクス主義者，

序章

　社会主義者，フェミニスト，反人種差別主義者その他の社会批判者たちは，人間の必要を，ますます主観的で文化相対的な概念とみなすようになっている．そうした考え方は，1980年代における新しい右翼の知的影響力の拡大に一役買ってきた信条でもある．というのも客観的必要という概念が確固とした基礎をもたないとすれば，何が個人にとって最善なのかを知っているのは当人であるとし，人びとに自身の主観的目標や選好を追求することを奨めるほか，どのような代替案があるだろうか？　このことを達成するのに，市場以上に何かよい仕組みがあるだろうか，ということになるからだ．

　一つはっきりしていることがある．人間の条件の評価に関連する諸概念のほとんどは，普遍的で客観的な人間の必要が存在するという見解と不可避的に結びついているらしいということだ．たとえば，人の暮らし向きの改善を求めるどのような政治運動であれ，以下のような一連の信念を支持しないとは考えにくい．

1. 克服可能な社会状況のために，人びとが深刻な危害を被り（seriously harmed），そのために絶大なる苦しみがもたらされているということがある．
2. 社会の正しさは，深刻な危害を被ることや苦難に反比例する．
3. 深刻な危害を被ることの最小化を意図した社会変化が正当なやり方で達成されたとき，社会進歩が生じたということができる．
4. 深刻な危害を被ることの最小化が達成されなかった場合，それがもたらす社会状況は，危害を被っている人びとの客観的利益に反した状態にある．

　もちろん，深刻な危害を被ることという概念だけが，私たちが出発点にできる唯一の地点だというわけではない．政治的および道徳的現状維持を批判するような理論と実践で，根源的な人間的開花（flourishing）を積極的に構想することから同じようにうまく出発し，この過程を奨励し是認するような

いずれにしても社会的平等を支持する主要な議論は，危害を被ったり人間的開花を遂げたりすることの潜在的可能性がいかに同一かという程度に焦点を当てたものである．そんな潜在的可能性の存在を想定した上で，ある個人あるいは集団を有利に扱い，他の者たちに恣意的な不利益を与えてえこひいきすることは，不正でありそれゆえ間違っているのだと論じられることも多い．社会主義，改良主義，反資本主義，反共産主義などの著作の歴史は，いうまでもなく否定的なイメージにも肯定的なイメージにも満たされているけれども，大事な点は，それらが明確化している理論と実践は本質的に批判的なものであり，人間の状態を道徳的に評価する様々な基準を具体的な形で示しているということなのである．

先述した相互に関連する諸概念の明確性は，以下のことを前提としている．すなわち，人びとの生活機会が最適化されえた場合に，何をさしおいても諸個人が必ず成し遂げているのでなければならない，客観的で普遍的な人間としての目標を同定することが可能であるということ，言い換えるなら，すべての人びとが基本的な人間の必要を持っているということを，前提としている．同様に，人びとが不正義に対する怒りを表明する場合，その背後のどこかに，充足されるべきなのにされていない人間の基本的必要が存在しているという信念がある．そうした必要が充足されない場合に非難が生じるのは，基本的必要の充足は欲求（wants）充足よりも規範的に優先されるべきであるという信念ゆえである．概して，道徳的に大きな関心をもたれるのは，欲求ではなくて基本的必要であると思われるものが未充足のままになっているときである．すなわち無料のお菓子（free sweets）よりも言論の自由（free speech）が，ということである．客観的な人間的必要の概念と，この概念のみが可能であるように思われる道徳的な働きなしには，この「である」から「べし」への移行は不可能であろう．

それゆえ，何が基本的な人間の必要であり，どのようにしてそれが充足されるべきかについて，少なくとも現状を批判しようとする人びとのあいだで

は，相当の意見の一致があると予想されるかもしれない．ところが，すでに述べたようにそのような一致は存在しない．私たちが直面しているのは，社会政策の実践や多くの政治的言説において恒常的に用いられている観念が理論の領域においては常に拒絶されているという逆説である．このことは，福祉の供給者に，そして福祉の供給を増大するための政治闘争に携わっている人たちに，ただ混乱だけをもたらしている．

　こうした状況を正すために，私たちは，社会進歩についての満足のいく構想を甦らせ，資本主義世界のなかで多くの人びとに深刻な危害をもたらしてきたネオリベラリズムと政治的保守主義に対して確固たる代替案を提供する，人間の必要についての厳密な理論が発展させられねばならないと信じている．しかしながらそのような理論は，福祉国家パターナリズム，スターリン主義的集産主義そして，共通の必要の存在を前提としたその他の政治的実践の，時に恐るべき，時におろかしい失敗から学んだものでなくてはならない．この人間の必要の理論が信頼に足ると同時に道徳的に魅力的なものでもあるためには，自由主義思想および社会主義思想の双方が参照されるべきである．市場個人主義と国家集産主義の両者を拒絶する第三の方法を指し示す必要がある．私たちは，本書がそのような理論を提供し，そしてそれが実践においてどのように適用されるべきかを示唆するものになればと願っている．

　全体として私たちが論じようとするのは，人間の基本的必要の存在が示されうるということ，諸個人はこれらの必要を最適な水準で充足する権利をもつということ，そしてすべての人間的解放はそうした充足がどの程度達成されたかを評価することによって測られるべきであるということ，である．とはいえ，人間の基本的必要という概念の妥当性と重要性を称揚するにあたって，その概念の利用が時としてどれだけ深刻な危害を生じさせてきたのかを忘れないようにしたい．どのような必要概念も，権威主義的でパターナリスティックなやり方で利用されることがないように構想されなければ受けいれられることはない．福祉国家は，必要充足に対する個人の権利と，その実際の充足方法をめぐる決定に参加する権利とを何らかの形で結合させなければ

ならない．この理由ゆえに，福祉供給の問題は，実効的な民主主義と不可避的に結びついているのである．人間の必要の理論は，なぜという問いだけではなく，どのようにしてという問いに答えることなしには，うまくいかない．言い換えれば，そのような理論を発展させ，その理論の実際上の用い方を明確にすることにおいて，私たちのアプローチは，実質的であると同時に手続き的なものとなるだろう．

　第Ⅰ部では，人間の必要が個人的ないし集団的選好へと還元されうるという議論を検討し，それを退けることを通じて，個人的・文化的相対性に関わる争点を紹介する．そのことによって，日常の言説における「必要」の文法を探求し，それが相対主義についてのより一般的な論議とどのように関連するのかを描き出す．

　第Ⅱ部では，「健康」および「自律」が，誰にとっても同一であるような，最も基本的な人間の必要を構成することを論じる．さらに，すべての人間に最適な必要充足への権利があると論じられる．その実現のためには，一定の社会的——政治的・経済的・環境的——前提条件が満たされなければならないことが示される．

　ここまでで必要の理論が明らかになるが，第Ⅲ部〔第Ⅲ部，第Ⅳ部は本書では訳出されない〕では，この理論を具体的に適用する方法が示される．まず，普遍的必要と文化相対的な充足手段のあいだの区別が明確化される．基本的必要と「中間的」必要に関する指標を求め，それを用いて第一・第二・第三世界における人間の福祉の把握を試みる．

　人間の必要とは，個々人〔本人〕によって最もよく知られる主観的選好でもなければ，政策策定者や党官僚によって最もよく理解される静的な存在でもない．人間の必要は普遍的で認識可能なものであるが，それらについての私たちの知識と，それらを満たすうえで必須の充足手段についての私たちの知識とは，動的で開かれたものである．第Ⅳ部において，集権的計画と民主的意思決定の両方の要素を組み合わせようとする混合経済を目指す近年の提案——すなわち，必要充足の最適化のための「二重戦略」——を支持するこ

とで，本書は結ばれる．

　これらの諸理念を探求するうえで私たちは，人間の必要の政治における個人的なものの重要性に関わる，あるジレンマに直面する．諸個人の必要に関する道徳的重要性が政治的に最小化されているとき——たとえば，富や所得の強制的再分配を通じて——集団的なものは結果として利益を得ることになるとしばしば主張される．しかし同時に，集団的なるものの名において個人の自由とプライバシーがあまりにも無視されるならば，産湯とともに赤子を流してしまうことになる恐れがある．個人の自己表現と私的所有権という条件が了解され確立されていなければ，再分配の存在理由，すなわちひとりの人格としての個人の最大限の発展は失われてしまうのである．

　以下の人間の必要の理論の展開において，私たちは，ただこうした緊張関係に焦点を当てるだけで事足れりとすることはできない．それは何とかして解決されなければならないのである．その試みの中で，社会主義および自由主義の，多くの古典的原理のあいだでの，長く受け入れられてきた対立はまやかしであると論じてきた人びとに，私たちは声をあげて加勢できればと思う．国家〔主導の〕社会主義が連続的に崩壊していくという状況によってはっきりしたのは，個人の権利への尊重なしには，社会主義の原理は危険な抽象概念になってしまうということである．しかし同様に，西側世界のいたるところで搾取されている者たちや剥奪されている者たちの苦難にも見られるように，政治的・経済的自由を形式的に保証しても，それが人びとの自己実現のための物質的な前提条件を無視するものならば，自由主義の諸原理は掘り崩されかねないのである．

第Ⅰ部
相対主義と人間の必要という問題

第1章　誰が人間の必要を必要としているのか？

　客観的で普遍的な人間の必要という概念はみだりに用いられてきた．このことは幻滅と懐疑を引き起こし，一連の事態の後押しをすることになった．社会主義の政治についてのよい見通しへの確信の崩壊，福祉市民権への脅威，さまざまな形をとる抑圧に対する政治的闘争の断片化，そしてこれらすべてから力を得ている新しい右翼の知的影響力〔の増大〕といった事態である．必要を主観的選好と等置することが道徳的により安全であり，知的により一貫していると論じる向きも多い．すなわち，必要とみなすに十分な優先性がおかれることになる諸目標がどれかを言えるのは，個人あるいは当該集団のみであるというわけだ．このような相対主義は，私たちすべてが同一の必要をもっていることを論証するという，本書のねらいと明らかに相容れないものである．それゆえ相対主義の代表的なかたちのいくつかを吟味することから始めなければならない．

1.1　正統派経済学：必要とは選好である

　正統派の経済学者にとって，必要の「客観性」は疑わしいものである．誰が何を必要としているかについての消費者と生産者のあいだの不一致を背景として，多くの実証的経済理論と規範的経済理論の目的にとって「選好（preference）」と「需要（demand）」で十分だとみなされてきた．たとえばファッションへの選好よりも食べ物への選好を高くランクづける人のほうが多数派かもしれない．しかしだからといって，服に気を使う少数派が反対の選択をしても不当ということはない．それらの選択のもつ存在論的，道徳的

地位は同じものである.どちらも同じく消費者需要であり,所得の支出を通じて実現できたりできなかったりする.必要という観念が意味しているものは,多くの人びとによって共有され,政府に特別の注意をはらうことを求める選好に過ぎない.「社会的必要とは,政府の介入によって満たされるべき財やサービスとして社会的認知を受けるほど,社会によって重要とされてきた需要のことである」(Nevitt, 1977, p. 115; cf. Williams, 1974).

それゆえ正統派の厚生経済学は二つの根本的な原則を鮮明にしている.第一に,利益(interest)は主観的な概念として捉えられる.個人(しばしば世帯)は自らの利益,あるいはより狭く欲求を正しく認識できる唯一の権威と前提される.このことから第二に,私的主権という原則が導かれる.何がどのように生産されるべきか,そして,どのように分配されるべきか.これらのことは個人が私的に消費と労働とについて持っている選好によって決定されるべきである(Penz, 1986, p. 55; cf. p. 40).この二つの原理に対して膨大な数の批判が20世紀を通じてなされてきたけれども,上記の考えは今でも,新古典派経済学が必要の概念に注意を払わないことの規範的な基礎をかたちづくっている.

善き生(well-being)を測定する実際的な方法へと第一原則を翻訳するために採用されてきたアプローチにはさまざまなものがある.初期の理論が依拠していたのは,功利主義的思考法と,主観的な快または幸福についての〔各人の〕受容力は等しいという想定[1],および,そうした受容力に対して対象が持つ貢献度であった.のちにこれは市場的状況の下での選択という形で

---

1) このような「情念の平等」への信念は,快楽への同じ刺激に対してだれもが同じように反応することを示唆しようとするものではない.たとえば既に豊かである人びとが享受する快楽は,貧しい人びとより少ないだろう.それゆえ,幸福を最大化せよという要請と,関連する限界効用の計算とによって示唆されるものは,市場原理にもとづかない再分配プログラムであると思われよう.自由市場を擁護した古典的功利主義者たち——たとえばベンサムのような——は〔功利主義から再分配プログラムが支持されるという〕さきほどの結論に反対したが,それは自由市場によってもたらされるインセンティブなしには,富は減少しその結果として総員の幸福も減少することになるだろうという論拠に基づくものであった(Gutmann, 1980, pp. 20-27).

示される欲望の充足を尺度として測定されるというように修正された．ここからわずかな一歩で，善き生を，富裕度や，人びとが消費する財のベクトルによって測られる実質所得と直接に等置する立場に達する（Sen, 1985, ch. 3; 1987, pp. 5-17）．この方法で主観的な欲求充足は科学的に測ることができ，それゆえ状態や政策の評価に用いることができると主張される．これらのアプローチのあいだに相違点があっても，客観的で普遍的な必要の概念を暗黙のうちに拒否している点は共通である．

1.2 新しい右翼：必要は危険である

こうした必要と選好との暗黙の同一視は，近年の保守主義的な政治理論家たちによる次のような議論と関係している．他人が何を必要としているかについて，その他人に代わって裁定する権利を持つような存在がいるということをいったん受け入れてしまえば，権威主義へと滑り落ちる危険は一層増すことになるという議論である．人びとの声が，無知や私欲によって損なわれたものであって，取り掛かりとして拾い上げる価値はないと政府にみなされるのなら，権力の乱用と個人の自由の侵犯とがあとにつづいても驚くべきことではない．このことは民主的に承認されていない目的のためのわずかな増税のような比較的小さなものから，公衆の真の必要を満たすという名目での政治的自由の実質的な制限のような大きなものまで多岐にわたりうる（Flew, 1977, pp. 213-28; cf. McInnes, 1977, pp. 229-243）．こうした問題を避けるために向かうべきは拡張的な国家福祉ではなくて市場であると，新しい右翼の著述家たちはこぞって主張する．そこでは，市場の方が資源を配分し目的を定義する方法としてより効率的であるばかりではなく道徳的にも優ってもいるとされる（Green, 1987, Part I）．

この議論をうけいれることによる一つの主要な帰結は，正義原理についての集合的な合意をもたらす基礎がなくなるということである．ある特定の富

の分配パターンを正当なものと同定することを可能にするような,合意にもとづく規範は存在しない.たとえばハイエク〔Friedrich August von Hayek, 1899-1992〕やノージック〔Robert Nozick, 1938-2002〕のような保守主義の理論家は,結局のところ福祉が道徳的に正当化されうるならば,それは慈善のかたちをとらなくてはならないと論じる.何が必要なものかについての選択,そして他人の必要を満たすために何をすべきかの選択は,多かれ少なかれあるいは完全に,個人に任されていなければならない.新しい右翼のもう一人の代表的論者であるグレイはこのことを強調する.すなわち「基本的必要が客観的なものだというのはひとしく思い違いである.必要〔という概念〕には妥当な文化横断的な内容をなんら与えられないし,多様な道徳的伝統に応じて異なってくるものであるように思われる.……〔中略〕……社会正義にかんする現代のイデオロギーの主要な機能の一つは,ハイエクがほのめかしたように,じっさいには価値の深い多様性があるところで,道徳的合意の幻想をうみだすことなのかもしれない」(Gray, 1983, p. 182).言い換えれば,人間の基本的な必要とは,危険で教条的な形而上学的な空想にすぎないというのである.

裕福な者の選好が貧しい者のそれと等しい道徳的正当性をもつものとみなすかぎりで,このことは個人の資本蓄積を奨励する社会システムを強化するものだろう.右派の功利主義者にとって,道徳的優先性を有するものは,多数派の持つ富と消費者としての力である.ノージックの自由至上主義の信奉者にとって,道徳上の力は,当人の財産を自分の好むように処分できる個人の権利へと翻訳される.それによって広範な貧困と苦しみがもたらされるとしてもである.いずれにしても両者にとって,人が何を必要とし,またしないかということは,当人のみが決定しうるようなことなのである.

1.3　マルクス主義：必要は歴史的である

　資本主義に限りない信頼をおく者たちがこのような見方を支持しているのは驚くにあたらない．驚くのは，このような見方の帰結である文化相対主義を受けいれてしまう社会主義者たちがいることである．この逆説を探求するにあたってはマルクス〔Karl Heinrich Marx, 1818-1883〕にさかのぼる必要がある．マルクスが客観的な人間の必要の存在を信じていたことには疑問の余地がないように思われる．産業革命をつうじた資本主義の発展のために労働力を供給してきた労働者たちの支払ってきた代償について彼は雄弁に毒づいてきた．すなわち「抑圧」，「個人の尊厳の剥奪」，「悲惨さの蓄積」，「身体および精神の悪化」，「恥知らずなほど直接的で乱暴な搾取」，「現代の奴隷制」，「従属化」．過重な労働の「恐怖」，「拷問」，「残忍さ」．生産過程における「残忍な」経済性の追求，資本による労働力の「浪費と乱費」，「過酷で絶え間ない人柱」（Lukes, 1985, p. 11）．20世紀の革命的マルクス主義の基礎をさらに築いた人びとについても同じことがいえる．このような資本主義への弾劾は以下のような信念なしには，道徳的な効力をほとんど持たないことは，一見したところ明らかなように思われる．すなわち，すべての人間に共通であり，それらが満たされなければ個人の損傷が受けいれられないほど酷い水準になるような，同一の要件があるという信念である．

　しかし他方でマルクスは，人間本性を生物学や文化の命じるところで枠づけしようとする試みは，思い違いであり政治的に危険でもあることも，同じように確信していた．同じ問いをめぐる現代の一連の哲学的・社会学的アプローチに先んじて，個性の形成は，言語と，様々な規範的な規則や精神的および肉体的技能が学ばれる仕方とに不可避的に結びついていると彼は論じた（Doyal and Harris, 1986, pp. 80-88; Elster, 1985, pp. 62-64）．これらを社会的に適用することから，自己意識や個人のアイデンティティは生じる．マルク

スにとって社会環境の経済的側面は，人間のアイデンティティをかたちづくるうえで優れてもっとも重要であった．このような条件が異なれば自己について個人がもつ理解，すなわち何が自然で本性にそっている／不自然で本性から外れているか，あるいは何が可能／不可能か，有害／有益か，善／悪か，正常／異常かといったことも異なったものとなるだろう．このことは，必要についての個人の知覚も同じ理由ゆえにもっとも深甚な仕方で異ったものとなるであろうことを意味する．

　マルクスやすべての社会主義者に対して，このような立場が持つ魅力は理解に難くない．人間本性の境界を生物学的にあるいは人類学的に固定することは，人間の意識を時間上，文化上の特定の点に不必要に凍結させるもののように思われる．言い換えれば，人間の必要が物象化されると，すなわち物のような，静的もしくは物理的な性質を付与されると，物理的，人格的，社会的環境のうちの自己探求の妨げとなる側面を諸個人が変化させようとする際に，恣意的な制約を受けることになるのである．このような変化の中心的な原動力として社会の「経済的下部構造」における転換を優先させることにより，人間の期待や想像力の総体である上部構造において，とりわけ人が何を必要であると思うか，何を要求する権利を持っていると思うかという点において，根源的な変化への道が開かれる．資本主義の社会関係はその独特の体質として，人間の生産性と物質的な期待の点で紛れもなく爆発的な発展を，そしてその結果として「不断に豊富化されていく必要の体系」を，もたらすとマルクスは考えた[2]．これらの新しい必要は人間精神の創造性の証しであるだけではない．大規模な貧困と搾取のただなかで，どうありうるか――すなわち，富を生産する人びとの必要が満たされないままである社会システムが正義に反していること，そして豊かさの見通し――をはっきり示してみせる

---

[2] これについては Springborg, 1981, ch. 6; Elster, 1985, pp. 71-4 を見よ．Soper, 1980, chs. 2-8 は，マルクスが客観的な必要という観念を拒絶しているように思われるいくつかの脈絡を説明しているが，しかしそれは話の一側面に過ぎないとも論じている．これが唯一の側面であるとする他の注釈者たちについては，ジェラス（Geras, 1983, pp. 49-54）がまとめている．

ことによって蜂起の種をまくものでもあるのだ．

人間の必要が普遍的であるということへのこの懐疑主義を論理的な極限にまで推し進めるのがヘラーである．彼女は必要充足の最大化という点での進歩を文化間で比較することは不可能であると論じる．というのもまさしく人間の意識と，何が基本的必要であり何がそうでないかの形成とに社会が全体論的な影響を及ぼすからである．「したがって資本主義社会における必要の構造はもっぱら資本主義社会にのみ属する．それゆえに，それは他の社会一般を評価するための規準とはなりえず，少なくとも『連合した生産者』の社会を評価する規準とはなりえない」(Heller, 1976, pp. 96-7; cf. Springborg, 1981, pp. 198-213)．つまるところ，人間の必要は社会相対的であり，ある人間集団が何を選好しているかを言い直したものにすぎない．ある文化や社会構成体に属する人びとが抱いている基本的必要についての構想を，他の人びとに押しつけようとする試みは，文化帝国主義，すなわち特定の集団の利益追求に他ならない．

1.4 文化帝国主義批判：必要は集団固有のものである

文化帝国主義についてのこうした懸念は理解可能であるし，さまざまなかたちで広範に存在している．こうした懸念に人気があるのは次のような事実への鋭い感受性の反映である．権力の地位にある者たちがその権力の恣意的な行使を正当化する際，権力をもたない人びとの最善の利益が何であるかを知っていると主張することによってそうする可能性が常にある．つまり，被支配者たちの選好は，権威をもつ者たちによって「真の」必要であると定義されたものより劣るものとして格下げされるのである．このような論法はじっさい，経済的文化的に植民地化された伝統的社会を資本主義が破壊する際のイデオロギー的手段の一つとなってきた．植民地主義者は経済的支配を正当化するために，被支配者たちに西洋の「進歩」を前にした劣等感と無力感

第I部　相対主義と人間の必要という問題

を抱かせてきた．抑圧に抗するより今日的な闘争においても，普遍的な必要という概念を拒絶することがその背後の事情の一部となっている．ここで人間解放とは，抑圧された諸集団がどの選好を必要と呼ぶかを自分たちで決める権利を取り戻すことと同一視される．このような事情を踏まえ，普遍的な必要の概念は独裁的な抑圧者を必ず利するものであると議論されることもある (Rist, 1980, pp. 233-53).

ここでは，必要を個人が決定できる選好と同一視する立場から，客観的な必要が存在することを認めるけれども，それは特定の抑圧された集団によってのみ決められうる種類のものであるとする立場へと移行している．人間の必要について真理性要求はなされるが，真理は集団ごとに異なるものととらえられる．しかしここから，集団の選好を集団の必要と同定することへはほんのわずかな距離に過ぎない．一見，特定の集団の客観的必要を裏書きするとみえるものは一個人の主観主義ではなく，むしろ一集団の主観主義へ滑り落ちてしまう．このことは必要の政治のさらなる三つの事例によって説明されうる．ラディカルな反人種差別主義，反性差別主義，反科学主義による必要の政治である．

まず，反人種差別主義であるが，その基本的な主張は明白である．多様な背景をもつ黒人たちが，夥しい数の周知のやり方で差別されている．人種差別主義の古典的な事例はよく知られているしここでさらに述べることは不要であろう．しかしこれらの人種差別主義の横行すべてへの嫌悪から，幾人かの現代の著述家たち——黒人も白人もいる——はさらに先に論を進め，すべての人種，国籍のあいだに人間の必要についての何らかの共通の土台があるということをも拒否しているようにみえる．これを示唆するのが，シャーの著述である．「白人によって……〔中略〕……黒人の評価が試みられるといつでも，出てくるものは歪曲された分析であった．黒人の流儀は異なっていて，しかも白人はしかるべき理解力を身に付けることさえしないので，黒人の経験は歪曲され退けられてしまうのだ」(Shah, 1989, p. 183; cf. Smith and Smith, 1983, p. 113).

逃れがたく全面的な，文化的／生物学的決定の影響をこうむるのは，その明示的な振る舞いによって人種差別主義者であると公認されるような人びとだけではない．表向きは〔黒人の〕味方だと思われる人びとでさえ含め，すべての白人がそれに染まっているのだ．たとえば，見合い結婚，パルダ〔南アジアなどにおける女性を隔離する社会的慣習〕，女性器切除などのいくつかの文化慣行について，それに巻き込まれる黒人女性にとって抑圧的また客観的に有害であるとして，多くのフェミニストは批判する．しかしながら一部のラディカルな反人種差別主義者はこれを攻撃し，このような議論は自文化中心主義であり，攻撃にさらされているとみられる生活形態を自らのものとして生きる黒人女性と黒人男性双方の尊厳を損なうものであるとする．明示的であれ暗示的であれ，このような偏見に満ちた見方を採る背後にあるのは，これらの批判者たちの「白人性」であり，批判者たちが暗黙のうちに言及している基本的必要とはじつのところ自らの文化に基づく選好にすぎない．このような議論から導かれる結論はただ一つである．すなわち白人に支配された世界の中で黒人が何を必要としているかを知ることができるのは黒人だけだ，というものだ．[3]

　一部の「ラディカル・フェミニスト」の性差別主義に反対する議論にも，同様の構図を見て取ることができる．歴史を通じて，また種々の文化において，女性が男性によって搾取され虐待されてきたことは疑う余地がない．これらの不平等すべてと対決して，男性は生まれながらに攻撃的であり，暴力，支配，搾取への傾向を有していると主張してきたフェミニストたちもいる．これらの傾向がどのように説明されるかは理論家によって様々である．主要

3）　このように攻撃されている白人フェミニストの一例として，Lees, 1986, pp. 92-101 を見よ．攻撃されるのは白人フェミニストに限らない．たとえば Ghoussoub, 1987, pp. 16-18; Kabeer, 1988, pp. 100-108 を見よ．フェミニズムとソーシャル・ワークに関連したラディカルな反人種差別主義の例として，Shah, 1989, pp. 178-191 を見よ．同様の議論についての有益な文献表と共感的な要約として，Williams, 1987, pp. 4-29．もちろんこう言うからといって，すべての人種差別主義批判がここで概括したような全体論的でラディカルなものであるというわけではない．

第 I 部　相対主義と人間の必要という問題

な原因を生物学的要因に求めるものと，男性意識が形成される家父長制的文化に求めるものとが有力な説である．この文化決定論と心理／社会生物学との組み合わせによって，家父長制が普遍的であり，男性は明らかに別様に行動する能力を持っていないことの説明がつくとされる．

　この論法をその論理的極限にまでもっていくのが〔アンドレア・〕ドウォーキンで，そのことは次の主張に表れている．「女性を滅ぼすことが男性にとって意味とアイデンティティの源なのだということを，すべてを知ってもなお，心の底では受けいれるのを拒むということがある」(Dworkin, 1980, p. 288)．デイリーも同じように悲観的で，男女が暮らす「男根体制」のもとで，男性の方は「宇宙の自然な調和から根源的に切り離され」，「悪魔的な所有の力学」に動機づけられていると主張する (Daly, 1984, p. 363)．伝統的な科学的探求の方法もやはり家父長制という背景に汚染されているが，これに代わって用いられるべき，女性の「合理性」と「フェミニスト方法論」があるということを示唆するところまでこの議論は進む．たとえばスタンレーとワイズの主張するところでは，「女性の経験からは，現実についての異なった見方，世界の意味の了解に取り組む全く異なった存在論あるいは方法が構成される」(Stanley and Wise, 1983, p. 117) という．もしこれらの論法が受けいれられるのなら，反人種差別主義の場合と同様に「集団相対主義」が，今度はジェンダーに基づく本質主義の装いをもってのし歩くという結果になる．男性に支配された世界の中で女性が何を必要としているかを知ることができるのは女性だけだというのである[4]．

　じつのところ，科学的知識それ自体，文化のもう一つの表現でしかないとみることができる．すなわち科学的知識がそのなかで発展した「社会関係」の反映に過ぎないということだ．人間の必要の性質を科学的に決定しようと

---

[4] この種のラディカル・フェミニストの考え方への手引きとして，Grimshaw, 1986 と Segal, 1987 を見よ．ラディカルな反人種差別主義について述べたときと同様，一部の，決してすべてではない，ラディカル・フェミニストの著述に明示的に現れている極端な傾向に注意を喚起しているに過ぎない．

する試みもすべて，この範疇に含まれることになるだろう．たとえばアロノウィッツは「知の科学的対象の構成は支配的な社会的，技術的分業に結びついている」と論ずる．これは次のことを意味する．「科学，魔術，宗教はどれも自然，社会現象の適切な説明を提供すると称するものであり，これらは相互に内的な関連を持つものといえる．資本主義の下では合目的行為の体系のもとにすべての言説が包摂される傾向にある．こうした社会的歴史的背景を特定せず，ある知識が他の知識より特権的な地位にあると主張するのは粗野な自文化中心主義である」(Aronowitz, 1988, pp. 320, 340-1; cf. Young, 1977, pp. 65-118)．

つまるところ，現代の科学と技術とが恐ろしい用いられ方をするのは偶然のことではない．というのも，その構造と内容には，資本主義の破壊的で搾取的な諸関係が含まれているのである．もはや普遍的な科学というものは存在しない．存在しているのは，「ブルジョアの」そして「白人の」，「男性の」科学にすぎないのである．それゆえ人間の必要を同定し充足する最善の方法を科学が明らかにすることができるというのは，巨大なイデオロギー的な詐欺とみなされる．ヘラーのいう個人の「根源的な必要」が適切に理解され得るのは，社会が根源的な変容を遂げ，その理解のために不可欠なラディカルな科学が生み出された後である．こうした見解においては，少なくとも資本主義のもとでは誰も自分が何を必要としているかを本当に知ることは決してできないことになるように思われる．

1.5 根源的民主主義：必要は言説的である

「必要」の範囲と内容を最終的に定義できるのは，個人もしくは特定の社会集団だけであるという考え方はさらに拡張される．ウォルツァー，ラクラウとムフ，キーンなど，現代の社会批判者は，〔定義できるのは個人だけとする〕前者の急進的な個人主義と，〔定義できるのは集団だけとする〕後者のさ

まざまな決定論を拒否し，そうしたものよりむしろ根源的で民主主義的な改革に関心を示しているようである．彼らの支持する民主主義および多元主義の展望は，おのおのの必要を定義する個別の集団という考えに由来するもののように見える．個人の選択の限界を含め，個人的アイデンティティは社会的環境から生起するものとして理解されねばならないとする点で，多くの現代の哲学，心理学とともに，マルクスとも一致している．共同体の成員は，互いをともに成員として結びつける言語と諸規則とを創造的に探求することを通じた利益追求への権利をもつべきである．こうした仕方によってのみ，成員の個人的アイデンティティの限界は拡張され，結果として共同体それ自体の規範的豊かさが拡大されるのである．

　ウォルツァーはこれらの考えを，政治理論家たちのあいだで近年議論されてきた彼の「複合的平等」理論のなかで展開してきた．人間の必要を同定するという主題について，彼は社会的相互行為の重要性を強調する．

　　人びとは文字通り離れて生きることはできないので，集まる．しかし，いっしょに生きていく方法はさまざまである．……〔中略〕……彼らは相互の必要を認識し，また創り出しもし，そのことによって「安全と福祉の領域」と私が呼ぶものに特定の形が与えられる（Walzer, 1983, p. 65; cf. Rustin, 1985, ch. 3）．

結局のところこのようなわけで，個人による必要の定式化は，その必要がどのように充足されるべきかについての共同体の共通の目的や信念，すなわち選好と避けがたく結びついているのである．それらの実質は「多様な経験と構想」に応じて異なってくる．〔とはいえ〕ウォルツァーの相対主義は明らかに限定的なものである．というのも文化の名によって踏みつぶすことのできない人間の必要に帰すべき客観的な境界が存在することを，彼は受けいれてもいるからである．[5]

　ラクラウとムフにはこのような留保はない．彼らの論じるところによれば，

自然的・社会的世界が様々な集団に対してどのように意味を持ってくるかを「構成する」のは言語なのだが，その言語の用法は集団ごとに異なっている．それゆえ言語を経由した複数の実在の有する正統性はすべて等しい．というのも，それら異なった複数の解釈を裁定できるような超経験的な「真理」も「普遍性」も存在しないからである．ラクラウとムフはこのような認識論上の不確定性を，ウォルツァーのものと類似の政治的多元主義の擁護と結びつける．その帰結は制約なき相対主義であり，それはある生活形態が他のものより優れているとかより「進歩的」であると主張するすべての——とりわけマルクス主義の——「決定論」と「本質主義」を棄却する．「こうしたアイデンティティの複数性のおのおのの項が，みずからのうちにそれ自身の妥当性の原理を見いだすかぎりにおいてのみ，多元主義は根源的なものとなる」(Laclau and Mouffe, 1985, p. 167，邦訳 p. 264)．普遍的な利益を満たすことに成功しているかどうかという観点から異なった社会構成体を評価するという考えは一蹴される．「『利益』……〔中略〕……は社会の産物であり，それらを担う主体の意識と独立には存在しない」(Laclau and Mouffe, 1987, p. 967)．それゆえ必要は文化に応じて異なりうる「言説位置」——ラクラウとムフはそれが個々の主体を構成すると信じている——において形を取るものと捉えられる．

　より穏健な形態の相対主義が，資本主義社会と国家社会主義社会の双方における国家と個人のより健全なバランスを探求する他の人たちによって提唱されてきた．たとえばキーンは市民社会についての著作のなかで，多数の集団がそれぞれの個性——それぞれさまざまに異なって定義される必要——を，国家の集権性に対置するという像を示し，このことが万人の善き生に本質的であると信じている．しかしラクラウとムフと同様に，彼もまたそのような定義間の普遍化可能な繋がりを一切拒絶することから生じる文化相対主義を

5）こうは言うものの，このような制約がどのように概念化されうるかについて，ウォルツァーは明らかにしていない．というのも彼はまた概念化それ自体が規範的構造のなかで起こるという事実を強調しているからである（Walzer, 1983, ch. 3）.

第Ⅰ部　相対主義と人間の必要という問題

受けいれている．すなわち，

> 相対主義の擁護は，徹頭徹尾近代的な，ある社会的政治的スタンスを要求する．すなわち，個人や集団が他者のもつ理想への連帯（あるいは反対）を公然と表明できるのは多元的な公共圏においてであり，そうした多元的な公共圏を形作る市民社会および民主的国家を確立あるいは強化することの必要性が含意されるのである．こうした新しい仕方で理解されるならば，民主化の概念にとって，人間存在に関する確実な真理……〔中略〕……のむなしい探求は不要なものとなるだろう．それは〔大文字の〕秩序，歴史，進歩，人間性，本性，個人主義，社会主義といった擁護しがたいイデオロギー的概念をきっぱりと捨て去り，幻想的な「解放の歴史的主体」なしに生きることを私たちに説くものとなることだろう（Keane, 1988, p. 238）．

と，ご覧の通りである．議論の詳細は別として，相対主義はすべての伝統的な社会主義の定式化と矛盾するという点でキーンはたしかに正しい．かれのただ一つの手抜かりは普遍的な人間の必要の存在を同じように明示的に拒絶しなかったことである．もっとも〔引用文中で〕「人間性」と言っているのはこのようなことを念頭においたものなのかもしれないが．キーンの心情はさまざまなポスト構造主義とポストモダニズムの論者を代表するものである（Lawson, 1985）[6]．

1.6　現象学的議論：必要は社会的に構築されたものである

最後に，ある非常に異なった学問分野，すなわち現代社会学における現象学

---

[6] ここで述べたことは，キーンの『民主主義と市民社会』における他の議論を否定するものではない．実際本書での私たちの考えは同書の他の章から益を受けたものである．

とエスノメソドロジーの流れから，同様の問い質しがなされている．すなわち，抽象的なカテゴリーを，日常生活の現実を構成する複雑な相互作用と個人の意味づけを無視ないし歪曲するものとして問い質すのである．ここでもまた，文化の別なく私たちを人間として結びつける，客観的な必要のような客観的かつ普遍的な特質が存在するという考えは拒絶される．この見方によれば，社会科学が第一に取り組むべきことは，日常生活がそこから構成される，意味の複雑な交渉の研究である．そうでないかぎりで，社会的実在という観念は「科学的観察者によって構築された虚構の，存在しない世界」，すなわち観察に携わる社会科学者たちの先入観や利害を反映するにすぎない単なる帝国主義的な押しつけということになる（Schutz, 1965, p. 58）．幾人かのエスノメソドロジストたちはさらに進んで，「すべての実在はひとしく現実的なものであり」，「ほかのもの以上の真実性をもった単一の実在というものは存在しない」と論じている（Mehan and Wood, 1975, p. 37）．これらの論者の方法論的，認識論的狙いは明らかである．ある集団，この場合専門的な研究者たちによって他のものたちに押しつけられた説明的および道徳的カテゴリーの一切を疑義に付すこと．このかぎりで，「結局のところ……〔中略〕……大切なのはものごとを正しく把握するという希望ではなく，暗闇を背に互いに身をすりよせながら生きている同胞たちへの誠実さである」というローティーの申し立て（Rorty, 1980, p. 727）を彼らは支持することだろう．

　スミスはこの伝統に沿って，人間の必要の研究においてできることは，共通の諸言説のなかに見いだされる必要に関する様々な主観的概念と，それらが特定の社会的文脈で用いられる仕方とをできる限り正確に描き出すことにすぎないと論じる（Smith, 1980, pp. 68-75）．社会福祉の言説で流通している「伝統的な」必要の概念は「客観的」で，測定可能で，静的な属性を「受給者」に帰属させる誤ったものとして批判される（Smith, 1980, pp. 68-75）．その反対に，必要は動的な社会的構築物なのであって，実際には専門職の実践に密接に依存するものとスミスは主張する．スコットランド社会サービス省に関する研究において，スミスは受給者の必要がさまざまな専門職集団によ

ってどのように解釈され構築されたかを明らかにしている．このことが示しているのは，「必要」が特定の専門職のイデオロギー，官僚制の組織構造と，それが作動する上での実際上の制約とを反映するものだということである（Smith, 1980, chs 5, 6; Foster, 1983, p. 32）．言わずもがなだが，メッセージはもはやおなじみのはずのものである．受給者が必要としているものについて実際に知ることができるのは受給者だけだ．

　剥奪と貧困についての現代の諸研究もまた，現象学的議論を漠然とした形で用いることが多い．これらの研究は私たちの関心と直接関係してくる．というのも，しばしば剥奪は満たされない必要によって，貧困は必要を充足するための物質的あるいは金銭的資源の欠如によって定義されるからである．タウンゼント（Townsend, 1962）とランシマン（Runciman, 1966）の先駆的な研究以来，剥奪は空間的にも時間的にも相対的であるという見方が一般的になった．何が剥奪となるのかは，それが経験される社会状況（集団，共同体，社会）に依存し，時の経過によって変化する．じつのところ必要は，社会の成員であることに伴う責務，つながり，慣習に応じて決まってくる部分もある．それゆえタウンゼントはさまざまな商品と条件とが持つ意味は必然的に可変的なものになると主張する．

> 住居という観念は，単に気候や気温に相対的であるばかりではなく，社会が住居を何のためのものと捉えるかということにも相対的なものではないだろうか．三匹の子豚は住居の意味について異なった考えを持っていた．住居はプライバシー，料理し働き遊ぶ場所といった概念に加え，温もり，潤い，家族の特定の成員の隔離という著しく文化的な概念，また，睡眠，料理，洗濯，排泄といったさまざまな機能をも含んでいる（Townsend, 1985, p. 667）．

飢えでさえ幅広い解釈に開かれており，「明らかに相対的で社会的な概念」（Townsend, 1985, p. 664）である．これらの理由から，「『絶対的な必要』とい

う概念は捨て去るべきである」(Townsend, 1981, p. 21).

　このように普遍的で客観的な必要は存在しない，あるいは首尾一貫した形では定式化されえないということは，現代思想において幅広い合意を得ている．じつのところ，ここまで読んだ読者は本書でなにか言うべきことが残っているのかと訝しんでいるに違いない．政治的右翼，左翼，中道，伝統的な学問分野とポストモダニズム思想，経済学，社会学，哲学，言説理論，ラディカル・フェミニズムと反人種主義，それらすべてが異口同音に告発する．普遍的で客観的な必要の探求とは幻影を追い求めることだ，と．しかしながらよりきめの細かい吟味によって明らかになるのは，これらの思想の諸学派すべては，それらが明示的あるいは暗黙に論難している〔普遍的客観的必要という〕ことがら無しには立ちゆかないという難点があるということである．次章ではこの間の悪い事実のさまざまな含意を探求する．

第2章 人間の必要の不可避性

　人間の必要を充足するに適しているかどうかという点で社会組織の様式に優劣があるという信念があって初めて，社会進歩という概念は首尾一貫したものとなる．そのような進歩を促進することを目的とした政策によって，必要充足が増大することが示され得ないかぎり，それらの道徳的目的はかすんでしまうであろう．このことは福祉国家を擁護し改善しようとするさまざまな試みに関してもいえる．福祉供給が国ごとに違うことや一国内部での給付水準が様々であることに鑑みると，福祉システムの良し悪しを判定するための，そしてあるものが擁護され別のものが改革されることを可能にするような，何らかの基準が必要となる．やはり，この役割を果たしうるのは客観的な必要についての首尾一貫した概念だけであるように思われる．これが，この概念に対する相対主義による脅威を，本書で検討し解消しなくてはならない理由である．ここではこの作業の手始めとして，前章でみた相対主義のそれぞれの類型内部での内的矛盾と緊張を明らかにする．有り体にいえば，これらの立場はすべて，自らが拒絶しようとしているもの，すなわち何らかの普遍的な人間の必要の概念を暗黙のうちに前提しているのである．

2.1　正統派経済学：評価の循環性

　一見したところ，必要概念をなしですますことができる学問分野があるとすれば，それは新古典派経済理論と，その規範的な対応物である厚生経済学である．しかし本当になしですますことは可能なのだろうか．実際には，欲求充足と消費者主権の諸原理の内部にはあまりに多くの矛盾があるし，欲求

充足の測定にはあまりに多くの問題があるため，個人の主観的選好に外在的な厚生に関する別の基準なしに，厚生経済学は立ちゆかない．これらの問題を順に考察していこう．

　個人が自らの欲求の正しさを判断する唯一の権威であるという理念は，人びとの知識や合理性の限界をひとたび認めるならば深刻な妥協を余儀なくされる．「無知にもとづく欲求は認識論的にいって非合理的である」し，将来のできごとや隠れた選好にかかわる実践的な合理性にはそれ以上に限界がある (Penz, 1986, p. 63, ch. 5; Sen, 1970)．もう一つの深刻な問題は「評価の循環」によって引き起こされるものである．もし欲求が，その欲求を満たす生産と分配の制度および過程によって形成されるものであるならば，その欲求はそれらの制度や過程のはたらきを評価する独立の立脚点とはなりえない．〔それは〕「評価される対象が部分的にはその評価の拠る基準を決定付けている」(Penz, 1986, p. 87; cf. Steedman, 1989, ch. 11)〔という事態である〕．欲求の形成は，多くの現代の広告の場合にみられるような直接的なものであることもあるが，より一般的なのは，社会化と過去の需要パターンとによる間接的なものである (Penz, 1986, ch. 6)．

　さしあたりこれらの弱点を措くとしても，異なった欲求構造をもった人びとの欲求充足の比較および，欲求充足水準の高低の順序づけにおける問題がある．センが活写しているように，厚生を欲望充足 (desire-fulfilment) と等置する功利主義的な厚生測定の伝統は，運命に自らを甘んじさせるために人びとが自らの欲望を弱めてしまうという事実をまったく無視している．

> 私たちが実際に獲得するもの，また獲得することを無理なく期待できるものに対して示す心理的な反応は，往々にして厳しい現実への妥協を含んでいるものである．極貧から施しを求める境遇に落ちたもの，我が身を守るすべも所有する土地もなく，生存ぎりぎりの地点でかろうじて命をつなぐ労働者，昼夜暇なく働き詰めで過労の召使い，抑圧と隷従に馴れその役割と運命に妥協している妻，こういった人びとはすべてそれぞ

れの苦境を甘受するようになりがちである．彼らの剝奪は平穏無事に生延びるために必要な忍耐力によって抑制され覆い隠されて，（欲望充足と幸福に反映される）効用のものさしには，その姿を現さないのである (Sen, 1985, pp. 21-2.)．

逆に，厚生を「富裕度」に翻訳する場合のように，人の状態をその人の所有の程度と等値することも認めがたい (Sen, 1985, p. 23)．どちらの解釈によっても，厚生経済学には人びとの厚生を比較するための客観的基礎が欠けているのである．

　最後に，消費者主権の原理は，個人の欲求を満たすための仕組みとしての市場に向けられた良く知られた多くの批判によって掘り崩される．そうした批判のなかで挙げられるのは，個人の行動が第三者や環境へ及ぼす外部効果や，「社会的」欲求と非顕示選好を市場によって解決することの困難といった「市場の失敗」の事例である．効率と分配の相互依存性もまた，分配についての判断から効率の測定を切り離そうとする試みの妨げとなる．さらに「囚人のジレンマ」問題によって，選択条件としての自由市場の望ましさが疑問に付される．各人は銃所有より銃規制を選好しているのだが，現に銃規制が存在しないという条件下では銃所有への市場選好を示すということもありうるのである．

　ここではおおむねペンズの分析に依拠してきたのだが，そのペンズが諸問題と諸矛盾のこのカタログから導き出す結論は二つである．第一に，「欲求充足は，選好原理には含まれも伴いもしないような追加的な規範的判断によって補われることなしには，測定可能とはなり得ない原理である」．第二に，そのような外部的な規範的判断が立てられたとすれば，

　　それを欲求充足原理に挿入することにより，その原理の根本的に未決で主観的な性質はくつがえされてしまう．しかしそれを挿入しないことには，無知と非合理性，評価の循環，〔個人間〕比較の不可能性の諸問題

は解決されない．このジレンマは，欲求充足原理とそれに基づく〔消費者〕主権原理の欠点を典型的に反映するものである（Penz, 1986, pp. 132, 136）．

ペンズの主張するところでは，この「追加的な規範的判断」の最良の候補は何らかの人間の必要の概念である．

2.2　新しい右翼：結局のところ普遍性

　新しい右翼について考察する場合に突き当たるのは，暗黙の非選好的基準，すなわちある選好は他のそれより客観的に重要であるという信念に関する問題である．というのもその支持者たちは資本主義について道徳的に中立的ではないからである．資本主義が善いものであると，またそこから生じると彼らが主張する生産性と自由とは，促進し擁護するに値すると信じられている．このことはまたより複雑な仕方で，個人の選好に異議を唱えるある種の価値に，さらには深刻な危害や必要の概念を具体化する価値に立ち戻ることへと繋がる．すなわち，他のシステムより資本主義を選好するならば，個人そして／または共同体は長期的にはより善い状態に置かれることになる，すなわち利益はよりよく満たされるだろうという議論である（Griffin, 1986, pp. 31-7）．

　しかしこの議論で暗黙のうちに前提されているのは，客観的な目標である．目標はそれ自体としては合理的選好の問題ではない．というのもその目的に矛盾するどのような選好も，それが何であれ，非合理的と見なされるであろうからである．たとえば，本人や他人の不幸の最大化を選好する者がいるとして，保守主義的な功利主義者がそのような人を不合理以外のなにかとみなすことはありえない．たまたまそのような最大化をどのように行うかの計算がどれだけ正しくても，そしてそれゆえ言葉のより狭い意味で「合理的」で

あったとしても，である．自分自身への恣意的な増税によって自分の自律が最大限に頻繁に侵害されることを首尾よく計画する人物について，ノージックのような自由至上主義者はおおよそ同じことを言わなくてはならないはずである．ここでの合理的選好とは，選好が合理的であることを命じる，それ自体は非選好的な基準に還元可能なものと見られうるのであり，私たちはまたもや「評価の循環」のもう一つの形態を目にしていることになる（Hollis, 1987, chs 5–6; cf. Penz, 1986, chs 5–6）．

　この循環から抜け出る一つの道——相対主義者なら採用するだろう道——は，〔ブライアン・〕バリーが言うところの「欲求関係的（want regarding）」原理と「理想関係的（ideal regarding）」原理とを明確に区別することである（Barry, 1990, ch. III. 3）．欲求関係的原理は，政策評価にあたって人びとがたまたま持っている欲求を所与のものと考え，他の基準を考慮しない．理想関係的原理は，他の基準を体現したものであり，また前述の評価の循環を避ける上できわめて重要である（Barry, 1990, pp. xliv–lii）．しかし理想関係的原理は必要の概念のようなものを伴わなくてはならないのではないだろうか．バリーやこの区別を支持する他の多くの人たちは，そうは考えない．すべての生活様式に共通の評価基準が存在することを理想関係的原理が正当化するという考えを拒絶する．ある理想が信奉され，それと欲求との区別がつくのならば，合理的行為は不合理な失敗から区別されうるというのである．

　この議論の難点は，いくつかの失敗がそれが起こる文化や価値体系とは無関係に，同一の客観的帰結をもたらすことがあるのはなぜかを，説明できないことである．たとえば株式市場は先進資本主義文化でしか見いだすことができない．その市場でごく少額の貨幣を失うという失敗は，こうした言い表し方だけでは理解のできない帰結を伴っている．ほとんどの文化は株式市場とそれを経験する機会とをもっていない．しかし文化特殊的な失敗でも，なんら重大なことを引き起こすわけではない場合と，食べていくことができなくなるような帰結をもたらす場合とでは大きな違いがある．後者の場合，別の形態の社会において違った種類の失敗によって被る危害と同じように，ひ

とはある客観的なしかたで危害を被る．危害を被ることの，そして究極的には当該個人にとっての失敗の重要性の理由は，危害を被らなかった場合と比べて基本的必要がよく満たされていないという事実である．必要の概念によって，異なった経済的文化的環境における危害を比較することが可能になる．それゆえ自己決定についての個人の権利にたいするネオリベラリズム的な強調は，必要と選好とは同一のものであると論ずることでは擁護することができない．この権利が正当化されるとすれば，他の理由によってであろう．

結局，資本主義の合理的効率性と道徳的正当化可能性とについての新しい右翼による正当化は，経済的競合者間で比較可能な適性（fitness）の概念に依存している．よく栄養を与えられ訓練されたサラブレッドと飢えて訓練されていない老いぼれ馬とのあいだの競走は，競走とはまったく呼びがたい（Brown, 1986, p. 96）．けれどもこのような適性の可能性は，競争者間の平等と同時に，主観的選好には還元しえない身体的，感情的，教育的前提条件をあらかじめ仮定している．競走馬が角砂糖ではなくてオート麦を必要としているのとちょうど同じように，たとえば成功しつづけているビジネス・パーソンも〔普通の〕労働者も〔同じく〕適切な食料と教育とを必要としているのである．

他者の過去の権利を侵害して勝ち取った市場での不公正な個人の利益を，いったん廃絶することをノージックが仮説的に論じるとき，この主張を受け入れているようにみえる（Nozick, 1974, p. 231）．それ以外のどんな理由によってこのような侵害は問題となるだろうか．同じことはハイエクが，相対的ではなく絶対的な意味で知覚された貧困の予防のために最低限の「セーフティネット」を国家は供給すべきであると主張するときにもいえる．これは，合意が成立しうると信じられている客観的な必要の概念に対応するもののはずである（Hayek, 1960, p. 303）．プラントが論ずるように，「必要は幅広い解釈を許す弾力的な概念で，社会のなかに合意できる足場はないというのがネオリベラルの立場である．しかし必要の絶対的基準としての貧困についての，あるいはこの絶対的基準を満たすものとしての福祉についての彼ら自身

の見解は，必要についてのある明白な合意に基づく基準があることを仮定している」(Plant, 1989, pp. 14-15).

　換言すれば，基本的必要の存在にたいする明確な否定は，しばしばその存在の暗黙の受け入れを伴っている．もちろんその否定は理解しやすいものである．個人の自己決定は，資本主義が道徳的にもっとも正しくかつ生産的に効率的な社会であるという信条の核心に位置しているので，個人の選好それ自体が問題含みであると判断されるかもしれないようないかなる基準に同意することも，この立場の政治的目的にはそぐわないのだ．

2.3　マルクス主義：決定論という冷笑的な眼差し

　歴史的，文化的，経済的決定論に基づいて普遍的な人間の必要を否定したいというマルクス主義者の願望は，同じように理解しやすいものである．けれどもこのような否定は同様の問題をもたらす．資本主義にたいして批判的な判断を下すためには，必要と選好を区別する評価基準が，すなわち人間本性についてのすべてが歴史相対的なのではないという信条への関与が要請される．つまるところ，マルクス自身の著作において，必要および人間本性についての二つの観念，一方は非妥協的に相対主義的な，他方は暗示的にせよ明示的にせよ普遍主義的な観念のあいだの緊張があるということである (Soper, 1981, ch. 2)．最近までマルクス主義の有力な諸学派は，普遍主義的な要素よりも相対主義的な要素の方に共鳴し精巧化を図ってきた (Geras, 1983, ch. 1)．このことによって生み出されたのが，資本主義内部での必要充足を分析するときのマルクス主義の著述家や政治的活動家の「冷笑的な眼差し」とリーが呼ぶものである (Lee and Raban, 1988, ch. 4)．

　たしかに，供給するのが市場であれ国家であれ，必要充足として数えられるもののうちに，有害で，人を堕落させるような，抑圧的な要素が含まれていると論じることはできる．しかしすべての（あるいはほとんどの）国家活

第I部　相対主義と人間の必要という問題

動を，窮状の救済にどれだけ顕著に有益であろうとも非難するというのはまったく馬鹿げているし実際上きわめて支持しがたい．福祉国家には矛盾があり，ある面では人間のおかれた状況の改善に貢献しており，別の面ではその反対であるというのが現実である（Gough, 1979, pp. 11-15）．これを否定すること，つまり「真の必要」の表現と充足とを体制の革命的転換に結びつけ，同時にその転換が達成しようとするものを理論上特定できないと主張することは，実質的な内容を欠いた未来のために生きろということである．それは初期のキリスト者の来世への執着という「不幸な意識」とヘーゲルが呼んだものの，非宗教的な対応物である（Hegel, 1977, pp. 126-38; cf. Norman, 1976, pp. 59-64）．

　というのも，革命の成功の以前と以後で人びとが同一の必要を持っていることを否定するならば，すなわち革命が成功して初めてヘラーのいう「根源的な必要」が適切に定式化されうるとするならば，成功それ自体はどのように同定されうるのだろうか．たしかに社会主義の政治が未来に焦点をおくのは，資本主義後の社会に現実に住む諸個人の生活の劇的な改善を達成することが肝心なことであるからである．しかしながら革命的進歩の潜勢力は，今ここで何が達成されていないと考えられるかという背景に基づいてのみ測られうるのである．そしてこれらの欠点が何であり，実際どのようにそれらが修復されうるかを厳密に特定化する際には，基本的な人間の必要の概念が中心となる（Soper, 1981, pp. 213-18; Geras, 1983, pp. 107-16）．マルクス主義者の政治的綱領が明瞭な要点をもつためには，現在と未来で同一の，そしてどこでも誰にとっても同一の人間の必要の存在に関与しなくてはならないのである．

　このことは20世紀後半に入って人間の自由と潜在性にたいする普遍的な制約が，マルクス主義の学問と社会主義の政治の内部で認識され組み入れられるようになるにつれて，受けいれられるようになってきている．心理学や生物学，エコロジーに由来する問題がここでは決定的である．心理学に関しては，フロイト〔Sigmund Freud, 1856-1939〕的な洞察によって示唆される

のは，コミューン政治のための戦略が，ポスト共産主義的な「快楽原則」には解消されないような個人内部の普遍的な心理的葛藤を考慮しなくてはならないということである（Soper, 1981, ch. 8; Rustin, 1989）．人間の能力の生物学的限界について，ティムパナロが同様の主張をしている（Timpanaro, 1975, p. 50; pp. 45-54）．「愛情，人生の短さとはかなさ……〔中略〕……加齢による衰弱……〔中略〕……自らの死への恐れと他者の死の際の悲しみ」，これらすべては異なった文化，時間によって異なったしかたで経験されるだろうけれども，不変の人間的条件である．

　これらの二つの制約に，いまやエコロジー的な制約の認識が加わる．「もしエコロジーの諸仮説が妥当であるのなら」と仮定して，エンツェンスベルガーは次のように述べる（Enzensberger, 1976, p. 295）．

　　人間と自然の調和に向けたマルクスのプロジェクトの実現という機会を，おそらく資本主義社会はふいにしてしまった．ブルジョア社会が解き放った生産諸力は，同時に解き放たれる破壊的な諸力によって追いつかれ追い越されてしまった．……〔中略〕……社会主義はかつては解放を約束するものであったが，いまや生き残りの問題となった．エコロジー的均衡が破れれば，自由の支配はこれまでになく遠のいてしまうだろう．

今日の緑の意識もやはり，人間本性と人間の必要との共通性と，そしてそれらを満たそうとするなかで私たちが直面する状況の共通性とを強調している．これらの動向はともに，人間の必要の打ち消しがたさと連続性とを照らし出している．ユートピア的楽観主義は唯物論的悲観主義に取って代わられた．けれどもそれはこれらの障害を乗り越えるより大きな成功のための人間の潜在力を承認するものである（Timpanaro, 1975, p. 20）．したがってマルクス主義のプロジェクトのどのような妥当な再定式化にも，必要の概念が不可欠なのである．

2.4　文化帝国主義批判：抑圧の客観性

　一部のラディカルな反人種差別主義者たちやフェミニストたちの多元主義に話を転じよう．これらの人たちは，必要は今ここで知りうるものであると信じている．しかしそれを知りうるのは文化的・生物学的背景を共有するものたちに限られているという．このような断片化された相対主義は論理的に一貫していないし，政治的に破壊的であることが立証されてきている．その論理的な非一貫性は，一方で普遍的な必要が拒絶されているときでさえ，他方ではそれらが仮定されているという事実に由来する．たしかに必要の諸概念は，異なった文化によって時に対立するかたちで分節化されることもある．また公的・私的な善を構成するものは何かについての規範も，異なった文化によって様々なかたちで制度化されることがあるのは本当である．けれどもそのような定式化において諸集団が完全な道徳的自律性を本当に持っているとするなら，ある集団の成員が他の集団の諸活動を批判することは絶対に正当化できなくなってしまう．しかしながらこれこそがまさに真理は特定の文化の境界内に限定されるとみなす者たちのしていることなのである．たとえば英米の帝国主義の批判者たちが，帝国主義は，極度の貧困，貧弱な健康状態，教育の不足や欠如，権力者たちによる継続的な辱めを伴う体制，といった広範な苦しみをもたらすと論ずるのは間違っていない．その犠牲者たちが生い立った文化的背景が多様であるという事実は，彼らの苦しみが質的に異なると決めてかかる理由とはみなされない．じつのところそれらの抑圧と搾取の同定は，ファノン〔Frantz Omar Fanon, 1925-1961〕のいうところの「地に呪われたる者たち」として共通して持っているものにかかっている．言い換えれば彼らの基本的必要と関連する諸権利とは同じ仕方で侵害されてきたのである．

　皮肉にも，文化帝国主義，人種差別主義，性差別主義への批判の名の下に

おける相対主義が説得的に響くのは，誰がおよび何が善いまたは悪いと見なされるかについてすでに合意が存在している場合に限られる．しかしながら抑圧をもたらす諸文化もまた，それらに固有の内的に一貫した道徳や（ラクラウとムフの用語で）「妥当性の諸原理」をもつ諸文化であることが理解されるとき，そのことは裏目に出る．英国帝国主義はまとまりをもった一つの文化である．文化を問わず道徳的に受容できない事柄が存在すると考えないのなら，ラディカルな多元主義者たちは何ゆえに英国帝国主義が道徳的に誤っていると信じるのだろうか．そういう批判をする人たちが，文化的に親近感のある社会や共同体における人間の必要の侵害に対しては糾弾することに及び腰であるとき，この矛盾はとりわけ苦いものとなる (Lees, 1986, pp. 97-8; cf. TangWain, 1991, pp. 1-22)．サルマン・ラシュディが小説『悪魔の詩』を出版する権利を支持したがらない社会主義者たちもいたが，その態度の背後に潜んでいたのも，同じく混乱した思考であった．文化的寛容を旨とする誤った自由主義のために，野蛮さを同定する余地が失われてしまえば，自分自身を守ることができない人びとに対してさらに深刻な危害が加えられることに歯止めが利かなくなってしまう．ホメイニ〔1902-1989．イラン革命の指導者〕によるラシュディへの死の宣告すなわち「ファトワ」はイスラムの教義と完全に矛盾のないものであった．

2.5 根源的民主主義：集団の道徳のロマン化

〔前節の〕後の方の論点は，ウォルツァー，ラクラウとムフ，キーンの相対主義にも重大な問題を突きつける．民主主義において通常個人が持っている政治的権利と同様のものが，集団に与えられるべきであるという観念は一見，善いものにみえる．それは少数派集団を多数派の支配から保護するものである．それぞれの集団がその成員の基本的必要に気を配るものと仮定されており，それによって文化的創造性と個人的創造性双方の最大化を奨励する

第I部　相対主義と人間の必要という問題

ものとされる．しかしこの場合も，集団自体の文化的境界を越える必要充足の基準なしに，ある者たちにとって破滅的な必要の定義が採用されないことをどのようにして私たちは確信できるだろうか．特定の集団，より正確にはその中で権力をもっている者たちが，彼らの関心の外にある成員の基本的必要を侵害するような事柄を主張しないだろうと考え得る先験的な理由はない．たとえばほとんどの集団の男性支配のあり様と，この事実の帰結を考えてみればよい．また別の例として，宗教的カルトの実践において，その成員たちが必ずしも自覚しないまま物質的な搾取や情緒的な虐待を受け，心理的に痛めつけられている場合をあげることができる．

　もし少なくともこのことが認識されるならば，何が集団のなかで道徳的に許容できるものであり何ができないかを評価するために，集団にとって外部的な基準が存在しなくてはならない．キーンが市民社会の創造的潜在力を唱道し，その結果に国家が介入してはならないと議論することに対しても，同様の指摘がなされうる．ここでも創造性は諸刃の剣である．かれが市民社会の定義に含めている特定の集団，たとえば家族は，その成員に対して破壊的で有害でもありうる（cf. Channer and Parton, 1990, pp. 105-20）．ある形の公的規制によってのみ，こうしたことが起こるのを防ぐことができる．しかしそのような規制について情報を与えてくれる人間の必要についての首尾一貫した理論なしでは，とりわけ資本主義とそこからもたらされる必要の歪曲された知覚という文脈では，放っておかれれば個人や集団は何が自らにとっての最善であるかを常に知ることになるだろうという楽観主義的で危険な理想主義に陥るほかに選択肢はほとんどない（Harris, 1987, pp. 13-22; cf. Osborne, 1991, pp. 201-25）．[1]個人や集団が最善を分かっているというのは事実

---

1) 多元主義社会における法についてドゥオーキンは適切にも同じ指摘をしている．道徳的危害を人びとがそれから特別に守られなければならない際だった危害であると社会が認めない限り，絶対的に無罪であると知れているときに有罪とされない権利を社会が確立することは意味をなさない．しかしコスト効率的な社会が訴追手続きを定めるために用いる功利主義的計算は，道徳的危害ということを考慮に入れることができない計算なのである．……〔中略〕……というのも道徳的危害は客観的な概念であるため，もし誰

ではないし，今後も違うだろう．

2.6 現象学的議論：社会的実在の反撃

　社会学における現象学的著作とその人間の必要にたいする相対主義的なアプローチとがもつ諸問題について，適切に考察する紙幅はない（Trigg, 1985, ch. 5）．シュッツ〔Alfred Schütz, 1899-1959〕は社会構造の客観性を拒否している一方で，ナチスからの亡命者であった．この二つの事実のあいだの関係に言及しながら，ヒンデスは揶揄する．

　　シュッツ流の政治というものはありえないし，実のところいかなる種類の合理的な社会的行動もありえない．そのような行動がもとづいている社会的世界の「知識」は，世界についての多数の物語がひしめきあっているなかの一つにすぎないのである．ヨーロッパにおけるファシズムとは，どこかの語り手か誰かがたまたまこしらえた様式であり，またその語り手がたまたま興味をもった事実と出来事とに過ぎない．ではなぜシュッツはアメリカに亡命したのだろうか（Hindess, 1977, p. 76）．

私たちは自らの行動（たとえばナチの迫害の犠牲者となること）の意味を説明できない．これらの意味の形成にあずかった制度的な諸要因（たとえばドイツにおけるファシズムの成功の政治的経済的背景），あるいはそのような意味が特定のかたちをとるとき，諸個人が制度的に被る深刻な危害の客観的な性格（たとえばホロコーストの恐怖と帰結）についても説明できない．それらはす

　かが無実なのに罰せられることを通じて道徳的に危害を被ったならば，この道徳的危害は，誰も関知したり疑いをもってないときでさえ生じるし，ごくわずかな人しか気にかけないときにさえ――おそらくとりわけそういうときに――生じることになる（Dworkin, 1985, p. 81: cf. pp. 81-9; cf. Gewirth, 1982, ch. 5）．

べて日常生活内部での選好についての個別の交渉に還元可能であると提唱するのなら，そういうことになる．

　剝奪についての社会学の理論家たちは，しばしば人間の必要の定義はある種の客観的な核心を論理的に含意すると堅く信じている点をもってその明らかな相対主義に留保をつける．タウンゼントは絶対的必要の観念を捨て去ることを望んでいる一方で，「対象から距離を置くこと，数量的な測定，再現性，体系的な比較と妥当性確認」といった特性によって，客観的な必要は「慣習的に認められた」必要から区別することができると論じている(Townsend, 1972, p. 48)．このことは驚くにあたらない．というのも貧困者自身やその他の者たちの選好とは無関係なものとしての貧困者の客観的な窮状というものに対する強固な関心によって彼の著作は知られているからである．

　それゆえ彼は英国における貧困線を評価するさいの「合意に基づく」アプローチを批判する．それは調査の標本となった人たちの多数派に，どの財やサービスが必要でありまたそうでないかを決めさせるものである（Mack and Lansley, 1985, ch. 2）．これは「虚偽意識」の問題を看過するものであると彼は主張する．人びとは自分たちの選好がどのような社会的諸力によって形成されているかをかならずしも認識しているとはいえない．このため「社会的知覚におけるもの以外の必要の基準が求められねばならない」．タウンゼントはさらに以下のように続ける．

　　一部の集団，あるいは国家や共同体全体の価値あるいは信念体系を通じて濾過され，助長された知覚は「そこにある実在」を十分に表すものとは決して看做せない．それらを吟味するための「客観的な」社会的観察，調査，比較の諸形態がなくてはならない．これらの基準が，社会的に産み出された科学的思想様式の産物に留まらざるを得ず，不可避的に不完全なものに留まらざるを得ないとしてもである（Townsend, 1972, p. 48）.

しかしこの言明は，一貫して普遍主義的な用語ではなく文化的な用語によって剝奪を定義する彼の他の多くの著作の理論的土台と容易に折り合うものではない．「必要が社会的に決定されるものと厳密に捉えるのなら『絶対的』必要の観念は溶解する．そして徹底した相対性は場所だけでなく時間にも適用される」(Townsend, 1979b, p. 17)．その帰結はよくいって曖昧さ，悪くいえば混乱であり動揺の現れである (Sen, 1984, ch. 14)．剝奪を，そしてそれゆえ必要をもっぱら相対的な用語で定義することは，以下のような逆説を導く．すなわち飢えたる者に対する必要の充足を増加させる一つの方法は，飢えていない者の食料の方を十分に損なうことで，両方の集団の隔たりを縮めることであるという逆説である (Sen, 1984, p. 330; cf. Goodin, 1990, pp. 15–20)．

　これまで吟味してきた相対主義の事例はすべて，一方で普遍的な評価基準を論難しておきながら，他方でそれらを何らかの好みの世界観を裏書きするためにのみ利用しようとするものであった．首尾一貫した相対主義者にはこのようなつまみ食いは許されない．しかし首尾一貫した相対主義者，すなわち社会生活全体が「構築物」であって，その各側面は他の側面より真実性において勝るものでも劣るものでもない，と見なす者は，ごくわずかを除き踏み込むことを恐れる道徳的な荒れ地に足を踏み入れることになる．このような少数者の一人がファイヤーアーベントであり，彼は歯に衣を着せずに次のように言う．

　　理性はもはや他の伝統を導く主動因ではない．それはそれ自体一つの伝統であって，舞台の中央を占める資格において他のいかなる伝統とまったく変わるところがない．それが一つの伝統であるということは，善いとか悪いとかいうことではなく，単に伝統であるということである．同じことがすべての伝統に当てはまる．それらが善かったり悪かったりする（合理的／非合理的，敬虔な／不信心な，進んだ／「原始的な」，人道主義的／残忍な，など）のは，ある他の伝統の見地からみた場合に限られる．

第Ⅰ部　相対主義と人間の必要という問題

「客観的にいって」，反ユダヤ主義と人道主義にはさして選ぶところはない．人種差別主義は人道主義者には残忍にみえるだろうが，人道主義は人種差別主義者には気の抜けたものにみえるだろう．相対主義……〔中略〕……によって現れている状況に適切な説明が与えられる[2] (Feyerabend, 1978, pp. 8-9).

そのような理論によれば，私たちは文化によって概念的・道徳的壁のうちに閉じ込められている．その壁を突き破ることは可能なのか．今や私たちはそのことに目を向けなければならない．

---

2)　これらの言葉でファイヤーアーベントがじっさいにどの程度相対主義に同意しているのかは，彼の著述のあまりに華麗な筆致からは，推し量りがたい．彼が相対主義に近接している証拠としては Feyerabend, 1978, pp. 138-140 をみよ．

第3章 「必要」の文法

　客観的な人間の必要が何らかの意味で存在すると想定するのは，少なくとももっともなことである．だが，必要なるものがどんなものなのかについての私たちの常識的な理解がさまざまであって，ときに混乱し曖昧であるということは疑いえない．このことは部分的には，日常の言葉で「必要」という語が大変多様な仕方で用いられているという事実のせいでもある．最も普通の使い方の一つでは，必要とは衝動（drives）を指す．この衝動としての必要に，私たちは従う以外の選択をほとんど持たない．もう一つの用法では，必要というものを目標（goal）と捉える．これらの目標は何らかの理由のために誰もが達成するか，達成しようと努めるべきと思われるものである．たぶん，この普遍性が必要を選好ないし「欲求」から区別するものである．前者の用法について，私たちは，よくて誤導的なものと論じるであろう．それは人間の生物学的側面を過度に決定論的に捉えるものだからである．したがって，私たちの第一の関心は後者の用法をはっきりさせ，必要に関する言明の文法が先に論じた相対主義とどんな関係に立つのかを明白にすることであろう．この文法が，第Ⅱ部において展開される私たち自身の人間の必要の理論を特徴付けることになる．

3.1　衝動としての必要

　「必要」〔という語〕はしばしば，衝動，あるいは衝動を引き起こす何らかの内的な状態を指し示すために用いられる（たとえば，「人間は睡眠を必要とする」とか「ウサギは穴居を必要とする」のように）．ここでは「必要」は，あ

る生体のうちに特定の欠如のために起こった緊張ないし不均衡の状態によっ
て搔き立てられた動機付ける力を指している（Thompson, 1987, p. 13）．基本
的必要についてのおそらく最も有名な分析は，このアプローチから霊感を受
けた，マズローのものである．マズローは，「優位性」の階層の内に組織さ
れた五つの必要を区別する——すなわち，生理的必要，安全の必要，所属お
よび愛の必要，尊敬への必要，自己実現への必要である．彼の議論は次のよ
うなものである．もし人間が慢性的に飢えと渇きに苦しんでいるなら，食物
と水の確保へ向けた生理的な動機付けが最も強力なものとなるだろう．しか
しながら，いったん空腹が満たされたら，その他の，より「高次の」必要が
浮上し，飢え以外のこれらの必要がその生体を支配する．大人にとって——
子どもにとっては一層そうなのだが——次に控えているのは，安全で，秩序
だった，予測可能な世界への要請であろう．これらの目標が達成されたなら，
より高次の必要が首位を占める，ということが，最終的に情緒的・知性的な
完成への終わりなき動機付けがその座を占めるまで繰り返される（Maslow,
1943, pp. 370-96）．

　本書ではこれ以降，この意味で「必要」を用いることはしない．それは二
つの理由による．第一に，もしマズローの類型論を網羅的なもの——そのこ
とは自明とはほど遠いが——と受け止めるとしても，問題となる諸動機付け
について厳密に時間的な順序を与える点は端的にあやまりである．安全より
も自己実現の方にはるかに関心を寄せているように見える人々——たとえば，
登山家——もいるのだ．同時に，私たちが人生においてなす数多くの選択に
ついてよくよく考えてみるに，マズローのカテゴリーは複合されるべきであ
り，さもなければ，場合によっては葛藤に陥ることになると思われる
（Springborg, 1981, pp. 184-90; cf. Fitzgerald, 1977, pp. 43-51）．しかし第二に，
一層重要なことに，普遍化可能な目標としての必要に関する言説を，衝動も
しくは動機付けについての言説から，すっかり切り離すべきであるというよ
い理由がいくつかあるのである．

　トムソン（Thompson）が論じるように，人は，多量のアルコールのよう

な自分に必要ではない何かを消費したいという衝動を持つと同時に，運動やダイエットのような決してそれへの追求へと駆り立てられはしないような何かへの必要を持つ，ということがある．前者の場合には，その衝動は何らかの普遍的な仕方で深刻な害（serious harm）を防止するということとは結びついてはいない．その衝動が満たされなければ，その個人に害が生じる可能性があるのだとしても．たとえば，ある種の麻薬の中毒患者は〔禁断症状が出た際などに〕一服やれないと具合が悪くなるだろう．だが，彼らが麻薬を決して使い始めたりしなかったとしたら害を受けることはなかったということ，長い目で見れば中毒〔に起因する欲求〕の満足は彼らに——誰にだってそうだが——数々の仕方で悪影響を与えるだろうということ，もまた事実である．要するに，特定の仕方で行動したいという衝動があるということは，そのように行動をすることの経験的な正当化とも規範的な正当化とも混同されてはならないのである．

とはいっても，衝動および動機付けについての強調が，人間の必要というものへの生物学的背景，すなわち私たちの遺伝的構造に課された人間の必要についての制約，を見過ごさないようにという警告となっているのは確かである．必要というものは，人間生体の衝動と同一ではないとしても，「人間本性」すなわちホモサピエンスの生理的・心理的成り立ちから完全に切れているわけでもないのである．そのような切り離しに賛成と論じるのは，人間性というものをせいぜい人間理性と同じものと見なし，人間の生のあり方を，人間以外の動物世界の生のあり方から分岐させるということである．

伝統的な実存主義の確信としては，そのような境界分けは人間的自由によって正当化されるというが，そうした確信——特にサルトル〔Jean-Paul Charles Aymard Sartre, 1905-1980〕のそれ——についての卓抜な皮肉において，ミジリーは同じ点を突いている．

> 自分たち自身以外の動物の生命形態について知らなかったとしたら，私たちにとって種としての自分たち自身はまったくの謎だったことだろう．

そしてまた，そのことによって私たちが自分たち自身を個人として理解することは一層難しくなっていたことだろう．私たちを一つの文脈のうちに置いてくれるもの，私たちを一つの連続体の一部として示してくれるものは何でも大いなる助けである．……〔中略〕……実存主義について本当に怪物じみたことは，あたかも世界というものが，一方で生命のない物質（物），そして他方に完全に理性的な，教育のある，成人男性の人間たちのみから成り立っているかのように——まるで他の生命の形態が存在しないかのように——話を進めていくということである．実存主義者が持つ〔神からの〕遺棄もしくは置き去りの印象は，私の確信するに，神がいなくなったためのものではない．それは，ほとんど全生命圏——植物，動物，子ども——の軽蔑に満ちたこの却下に起因するのである．生は少数の都会の部屋に収縮する．それが馬鹿げたものになるのになんの不思議もない（Midgley, 1979, pp. 18-19; cf. chs 1-3）．

私たち人間は他の動物たちと多様な仕方でつながりを持つ．二足歩行の哺乳動物——温血で，乳を飲み，サルの裸の子孫であり，直立し，柔軟な手を持つ——であるということを通じて．しかしまた，人間は大きくて発達した脳を備えていて，それに応じて，進化史のうちに比肩するもののない，相互コミュニケーションの能力，理性を働かせ，計画を立てる能力を手にしている．脳の大きさのために人間の赤子の誕生は相対的に前倒しになり，その直接的な結果として，幼少期の依存の期間は顕著な長さとなった．これらの特徴によって，たとえばマスやイヌのような他の動物の本性とは異なったものとしての人間本性はおおまかに定義され，人間の必要の自然的境界が設定される（Benton, 1988, pp. 8-15; Weigel, 1986）．生命と健康を維持するための食べ物や温もりといったものへの私たちの必要は，私たちの哺乳類としての成り立ちによって形作られる．他の多くの必要——たとえば，他者との協力的で親密な関係への必要は，私たちの認知的素質や幼少期の情緒性の基盤によって形作られる．

実際，他のいくつかの流派の心理学者たちと同じく，フロイトも，幼少期のことが意識生活の全側面におよぼす影響は過大評価できないと主張した．幼少期の抑圧と情緒的自己防衛の過程は，人生の生物学的，情緒的，認知的側面を架橋するものであり，それ以降個人の思考過程や日常の活動に隠れた仕方で影響を及ぼす無意識の動機構造をうち立てるものと見られるのである．これらの過程の厳密な性格とそれらの影響が実際に意識的な活動に及ぼされる仕方については激しい論争がある．しかしながら，人間行為の理解には，個人が自分のすることに対して与える意識的な理由以上の説明がかなり必要だということ，そして精神分析の技法が表面には表れないある現実を明るみに出す助けになりうるということ，に疑いはありえない (Frosh, 1987, Part I).

　ここまではよい．しかし，ローズら (Rose et al. 1984, ch. 9) が論証したように，現在，社会生物学として流通しているかなりのものについての問題は，制約と決定とを混同しているということであり，生得的な生物学的，情緒的，認知的「文法」が私たちのなそうとするべきこと，するべきでないことを決定しているといわれる程度を過大に見積もっているということである．女性には，幼い子どもに対して強い母性的な感情を表現したいという遺伝的素質，ミジリーの用語でいう「開かれた本能」──そうよびたければ，必要とよんでもよい──が備わっていると仮定しよう (Midgley, 1979, pp. 51-7). それが，たとえば，他の仕方で創造的な可能性を探求するためであれ，単に請求書の支払いをするためであれ，仕事をみつける必要と対立しない限りは問題はない．そのような〔対立の〕状況では，彼女の遺伝子ではなくその女性〔自身〕が，自分の本性のいかなる側面にもとづいて行動するかを選択しなければならない．この限りでサルトルは正しかった．したがって，人間の行為と善き生の遺伝的背景については科学的にほとんど何も確立されていない──たとえば，母性的な感情の強さは女性によって相当異なるようにみえる──という事実を別にしても，人間としての私たちに備わる独特の認知的能力のゆえに，私たちが何を欲しいと感じるかとは無関係に，自分に何が必要

なのかを決めるという問題はなお残されているのである．

　社会生物学の洞察が第一に示してくれることは，しかるべき状況では，いくつかの決定が他の決定より——時にはかなり——難しいものとなるだろう，ということである．その洞察が論証していないことは，私たちの進化上の過去は，私たちの選択し行為する能力を無効にしうるのか，あるいは，無効にするべきなのか，ということである (Trigg, 1984, pp. 93-101)．特定の状況で何をするのか決心する際に，自分の生物学的な「必要」についての経験を考慮に入れるべきことは明白である——それは自分が設定した目標を達成しようと試みることにおいて遭遇するであろう困難に対して覚悟を持つためである．恐怖，そしてそれに伴う情緒的な不安は好例である．勇敢な行為〔というものが存在すること〕は，その反対のことをいわば本能が絶叫するときにも，よい理由があると考えることに基づいて人々が物事を為すべく自分自身を強制できることを示している．しかし，理由と行為の双方の選択が私たち自身のものとして残されるのであって，生物学的側面に決定されたものではないという事実は残る．このことが事実でなかったのだとしたら，生物学的性格に抵抗せよという——たとえば，男性にとって，先祖の狩人から受け継いだ攻撃性への遺伝的傾向は何であれ抑制せよという——要請はおよそ意味を成さなかったであろう．したがって，私たち——遺伝子に対立するものとしての——が自分の人生で何をするべきかという問題は私たちに残されるのである．

3.2　目標と戦略としての必要

　「必要」という語はまた，明示的にせよ，暗黙のうちにせよ，普遍化可能と思われる目標の特定のカテゴリーを指し示すために用いられる．例はこうである．「この人にはもっとたんぱく質が必要だ（そして，たんぱく質を摂るということを目標とすべきだ）」あるいは「この家族にはこの冬ちゃんとした

住居が必要だ（そして，住居の確保ということが目標となるべきだ）」．「欲求」と対比されるのは，この意味での必要である．欲求もまた目標と記述されるが，ある個人の特定の選好や文化的環境に由来するものである．また欲求は必要とちがって，人ごとに異なると思われている．これらのはっきり区別された仕方で思念される〔二種の〕目標の違いは，議論の余地のない次のような言い方に明確に認められる．つまり，「わたしは，タバコが欲しいが，喫煙を止める必要がある．」という言い方である．

　普遍化可能な目標としての必要を指すことで，いくつかの目的に普遍性が付与されて他のものにはされないのはなぜか，という理由が曖昧になるおそれがある．このように普遍性を与えられるのは，もしその必要が適切な「充足手段」によって満たされないなら何らかの明確で客観的な種類の深刻な危害がもたらされるだろうという信念による（Feinberg, 1973, p. 111; cf. Wiggins, 1985, pp. 153-9）．したがって，必要を満たそうと試みないということは，関与する諸個人の客観的利益に反するものと見られ，異常で不自然なものとみなされる．目標が，必要ではなく「欲求」として記述される場合，それはまさしく必要がこの意味での人間的利益と結び付けられるべきものと思われていないためなのである．

　必要の言明はすべて，「A は Y のために X を必要とする」という関係的な構造に適合する（Barry, 1965, section 5A）．ここでは，X が必要であるのかどうかということが関係しているのは，普遍性ではなく，それが何であろうが，ある特定された目標 Y を達成するための戦略的な有効性である．したがって，適切な栄養補給と新しいオーディオ機器とは両方ともこの意味での必要とみなされうる．栄養補給は健康を保つためのもので，オーディオ機器は録音した音楽の楽しみを向上させるためのものである（Thompson, 1987, pp. 7-8）．これ以上に（a）基本的な必要とそうではない必要とを，（b）

1）　生物学者または植物学者は，同様にもし動物なり植物なりの身体的な必要が満たされないなら，それらも損害を被るのだと論じるだろう（Anscombe, 1969, pp. 193-4; cf. Bay, 1968, pp. 242-3）

第Ⅰ部　相対主義と人間の必要という問題

必要と欲求とを，区別するための概念的明確化が必要なのは明らかである．

必要が普遍化可能な目標とみられるときには，Y の要素——深刻な害の回避——はしばしば暗黙のものであり，必要を追求する人たちの注意は X の達成にどう取り掛かるかに集中している．たとえば，先進諸国の世界では，食料を得るという目標が追求される際に，その追求がうまくいかなかった場合に生じる害は意識されていないことが極めて多い．優先的な目標は，単に買い物がなされねばならないという事実であり，第一の留意点はいかに戦略的に最善の仕方でそれをするのかということである．同じことは他の普通に知覚される一群の必要についてもいえるかもしれない．それらの必要がいかなる最終目標に向けられたものかが必ずしも明示的ではないために，それらの必要はその実際の帰結——普遍化可能であるべきと思われているある共通の目標によって結び付けられた様々な戦略——ではなくそれ自体の権利において目標であると思われているのである．

したがって，状況によっては目標として言及されるものも，状況が変われば，戦略として記述されうるのである．たとえば，食料，住居，被服は目標のようにも戦略のようにも記述できる．必要の記述は階層的性格を有する．何らかの全般的な目標——たとえば，身体の保温——を起点とし，それが追求される手段（例：特定の型の衣服）は，それ自体がまた目的と考えられたりする．このことは，その目標への戦略的関係が明示されないままになっている場合に特に成り立ちやすいと見込まれる——たとえば，新しいコートといっそう基礎的な身体の保温ということとの戦略的つながりが意識的に思い浮かべられてはいないというような場合である．ちょうど被服が目標としても戦略としても記述されうるように，このことはたとえば，特定の型の衣服とその衣服を買うために必要な金についても当てはまる．要するに，衝動に言及しない〔場合の〕人間の必要についての言明の文法は，道具的なものなのである．

何らかの他の目標 Y（普遍化可能であると思われようと思われまいと）が，必ず常にそれ自体ひとつの目標とみなされる特定の必要 X の背景にあるは

第 3 章 「必要」の文法

ずである．そうでないのだとしたら，その目標が一つの必要とみなされるのはなぜか，そしてそれを追求するに値すると私たちが考えるのはなぜか、という理由を見定めるのは不可能であろう．たとえば，身体的保温や食事を必要と呼ぶことは何を意味するのかを理解するためには，これらのものが深刻な害を避けるという目標を持つのならば獲得するよう努めねばならないような種類のものであるのはなぜかについて先行理解を持たねばならない．もし誰かが「身体的な暖が私にはただ必要だから必要なのだ」とか「私には食事が欲しいから食事が必要なのだ」と口にするなら，その「必要」の使い方は不可解だということになるだろう．これらの言い方の不可解さは，彼らが同じ「理由」で「泥の皿」が必要だと言ったのだとした場合とまったく同じようだとわかるであろう．これらは，その語のいかなる普通の意味でも「理由」ではない (cf. Anscombe, 1957, pp. 71-2; Plant et al., 1980, pp. 26-9)．そうだとすれば，必要とする（また，この点については欲求する）ということへの理由は，本質的に公共的なのである．というのは，そうした理由はどんな種類の戦略によって実際に害を避けられるかということについての共有された理解，あるいはそのような理解がどのような種類の経験的調査研究によって容易になるのかということについての共有された理解，に依拠するからである (Doyal and Harris, 1986, ch. 4)．この通りではなかったのなら，必要を欲求と混同することを通じて，人びとが自分の必要が何なのかということについて誤認するという可能性はありえなかったであろう（Wall, 1975, pp. 505-6)．

　ある欲求に対して何らかの理解可能な理由が与えられるならば，その欲求について人が同じような意味で間違えるということはありえない．たとえば，あなたがマクドナルドのハンバーガーについて自分はその味と歯ごたえが好きなのでもう一つ欲しいのだと言っても，他の人は賛成しないかもしれない．しかし，あなたは間違っていると他の人が主張するのは意味不明であろう．あなたは理由を示し，しかもその理由は完全に理解可能である．しかしながら，誰かに次のように言うことは意味をなしている．「あなたはタバコをもう一箱買う代わりに，禁煙するということを目標にするべきだ」．これが意

第Ⅰ部　相対主義と人間の必要という問題

味を成しているのは，ここでは，その個人が重大な害の見込みを免れた「容認可能な」状態にとどまるためにはそれが必要だという同意のあるものに言及がなされているからである．また別の使い古された例を使うなら，糖尿病患者はひどく糖分を欲しがるもので，それが彼らの知覚の上では必要として捉えられるほどであるということがある．糖分の摂取を目標として達成しない限り「やっていくことが」できないと彼らが感じるのも無理はない．しかし，彼らに必要なのはインスリンなのである——彼らがそれについて耳にしたことさえなく，それを一つの選好として概念化する能力がないとしても．実際，これ——インスリンそのものと糖尿病の原因がその不足であったという認識の双方——こそが，インスリンの発見以前に糖尿病のために命を落とした人たちにとって歴史を通じてずっと必要だったものなのである（Plant et al., 1980, pp. 25-33）．

　同じ論点をより形式的に指摘する方法は，私たちが物事を欲求するのも，必要とするのも，その物事の特定の記述に即してそうしているということに注目するということである．したがって，「私には水が必要だ」というのが真なのであれば，「水」という語を外延的に意味が同値の他の語（たとえば，「H_2O」）に置き換えても，常に等しく真であるだろう——それは同じ同一のものを指すのに用いることができるのだ．他方，私が何かを欲しいかどうかということは，その何かの実際の属性ではなくて，私がそれについて持つ信念に依存する．この場合私は，一つの記述（たとえば，目の前にある，完璧なポーチエッグ）のもとではそれを欲しがり，もう一つの記述（たとえば，目の前にある，サルモネラ菌に汚染されているかもしれないポーチエッグ）のもとでは同じものを欲しがらないというのはありそうなことである（White, 1971, p. 114）．言い換えれば，欲求についての言明というものは，それが真であるかどうかが「経験主体が世界をいかに見るか」（Griffin, 1986, p. 41）に依存するゆえに，志向的（intentional）であり，その指示のはたらきは透明ではないのである．それについて一切概念を持たず，それをいかなる仕方でも「得ようと試み」さえしない何かについて欲求することはできない

(Anscombe, 1957, p. 68).そのような主観性は,必要に関する言明の客観性と対照的とみられるべきものである.必要に関する言明は,その真偽が「私の心のはたらき」ではなく「世界のあり方」のようなものに依存するものであって,志向外的(extentional)なのである(Wiggins, 1985, p. 152).欲求の対象ではないものが必要の対象であるということがありうるばかりではない.その存在について知りさえしないものが必要だ,ということもありうるのだ.

もちろん,欲求と必要とが一致するという可能性もある.欲求には,一般に受け入れられた必要を満たそうとするものも,そうでないものも両方存在する.したがって,あなたが欲求するものについて必要とすることや,必要とするものを欲求したり,しなかったりするということはありうる.一貫性を保つ限りありえないことは,——あなたが何を欲求しようと——重大な害を避けるためにはなくてはならないものを必要としないということである.

3.3 必要,相対主義,道徳性

とはいえ,必要の客観性についてはいまだ多くの問題が残されている.自分たちの利益に即して行動しているといえるために,すべての個人が満たすべく努めるべき必要というものがあるとして,何がその必要なのだろうか?これまでのところ,私たちが示しえたのは,必要と欲求の間には共通して適用される区別がある,ということだけであった.この区別は,目標に,重大な害の回避ということに道具的かつ普遍的に結びついているものと,他方そうではないものとがあるという信念に根ざしている.したがって,必要と欲求の区別——そしてその区別が何らかの客観的な仕方でなされうるという信念——の首尾一貫性は重大な害そのものが何なのかということについての何らかの合意に基づいているのである.しかし,この合意が存在する——私たちがその害を認識できる——ためには,正常で,人間的開花を果たし,害を

第Ⅰ部 相対主義と人間の必要という問題

受けていないときの人間の条件というものについての合意もなければならないのだ（Thomson, 1987, ch. 3）.

しかしそんな合意などないとしたらどうか？ 個人にとって何らかの必要が「自然的に」存在するのかどうかについてはかなりの議論がある．たとえば，セックスはしばしばそのような共通の目標と語られる．しかしながら，性的活動の特定のパターンは，最低限の食料摂取量のような他の「基本的な」必要がそうであるような意味では，普遍化することはできない．事実としては，正常な性的実践とみなされるものは，文化間でも，文化内部〔で取り結ばれた複数〕の関係の間でも違っている可能性があるし，人によっては他者との性的接触がほとんど，あるいは一切ない人生でもまったく申し分なくやっていくように見えるのだ．同じことは，その正常さがいかなる種類の生物学的必然よりも文化的伝統の関数であるようなさまざまな活動についてもいえるかもしれない（Renshon, 1977, pp. 58-64）．

さらに，人間が生存するためには満たされなければならない一定の必要（例，たんぱく質，水）が存在することがもし認められる——思うにそうでなければならないのだが——としても，なお，それらの必要が満たされる仕方は非常に多いのであって，実際のところ，必要と欲求の区別が物語るのは，人間の条件よりもその区別を立てる人のことについてなのだ，と論じられることがある．そこから，必要と欲求との区別は，本質的に規範的な〔価値中立的記述にはとどまり得ない〕ものと思われる．もし価値に関して合意がないのであれば，それ以上の裁定のための根拠は存在しないように思われるのだ（Fitzgerald, 1977, pp. 195-212）．たとえば，さまざまな集団が設定する住居の基準の水準が異なっており，したがってどれほどが受容可能な害の水準になるのかということについて，支持する基準が異なっているのだとしよう．このとき，どんな「高次の」あるいは「普遍的な」基準に訴えられるのだろうか．このことこそが，社会政策と道徳についての多くの議論が空転してきた理由なのだ，と主張されてきた．

もちろん相対主義者は，明示的にせよ暗黙のうちにせよ，必要と欲求の区

別が持つ規範的な性格を支持しなければならない．必要である上に，充足される権利をも伴う，と知覚されるものは理性や実在に由来する普遍的基準によって命じられるのではない．というのも，了解可能な経験の範囲は文化——社会生活の形式を個別化する概念的諸規則——によって決定されると考えられるからである．ウィンチは，この問題に関するポストモダン的思考を古典的な二つの文に要約している．「言語に意味を与えるのは実在ではない．何が現実的で何が現実的でないのか，というそのこと自体が，その言語の持つ意味に表れるのである」(Winch, 1974, p. 82).

自分の生活形態の規則と言説から逃れる道は存在しない以上，必要充足へのどのアプローチが「最善」なのかを評価するためにあてにできるような中立的な現実というものは存在しない．したがって，たとえば清潔さと危険とを概念化する仕方がまちまちであることは，どんな種類の食料が清潔で必要とされるのか，そして不潔で有害なのか，ということについての信念の対立につながる (Douglas, 1966, chs. 1–3; cf. Douglas, 1975, pp. 47–59)．事実として，異なる文化の成員が道徳的に法外だと思うものは異なるが，しばしば同じ文化内の個人間でも異なっていたりする．したがって，結局は文化的または個人的選好に過ぎないもののために普遍的で客観的な根拠付けを探求するということは，相対主義者によれば，幻を追い求めることなのである[2]．

要するに，初めは比較的明確な区別——必要と欲求の——だったものは，その基盤が問われることになると極度にあやふやなものとなる．それは，人間の条件あるいは特定の人間集団について一般化可能なものと不可能なもの

---

[2] 相対主義の哲学的な顔は一つだけだと考えるのは誤りだろう．近年の古典的言明は Herskovits (1972) および Barnes and Bloor (1982) である．Arrington (1989, ch. 5) はより最近の定式化について優れた要約を与えてくれる．人類学からのよい例としては，Douglas (1975), Overing (1985) に所収のいくつかの論文，特に編者による序を参照のこと．Renteln (1990, ch. 3) では哲学と人類学を比較している．社会学と心理学についての同様の比較は Hirst and Woolley (1982) の第一部と第二部に見られる．最後に，MacIntyre (1988) は西洋の正義論・合理性論の発展史を通じた魅惑的な相対主義の旅を提供してくれる．もっとも，このように言い表されるのは著者には不服だろうが——その XVIII—XX 章を見よ．

とは何か，という論争を解決する合理的な方法が存在しないのなら，ある人にとって必要であるものが，他の人にとっては単なる欲求であるといわれる——またその逆の——可能性があるからである．必要という形をとって現れる道徳的権利は，理性より文化的選好もしくは個人的感情の問題となる．結局のところ，相対主義は正しいのだろうか．

さしあたり，そして，第2章での私たちの批判を背景として，そのような見解が世界中至るところにある深い道徳的確信に反することは疑い得ないと指摘することで応じることだけはできる．必要が単に文化的または個人的選好の関数であったとしたならば，私たちはハクスリー〔Aldous Leonard Huxley, 1894-1963〕の『すばらしい新世界』に何ら不都合な点を感じなかったことだろう．その世界では，習慣的な麻薬，セックス，無知によって，恐ろしくも画一的な主観的満足がつくり出されているのだが．さらに，必要の言明は確かに，単なる経験的な事態の記述——それが物理／身体的（physical）性格のものであろうと社会的な性格のものであろうと——によっては到底尽くしきれない〔要素を含む〕ものに見える．さらに，無視しがたい規範的力を伴っており，その力はまったく道徳的内容を持たない真の記述的言明と同じぐらいに客観的で普遍的であるという感じを与えることがある（Braybrooke, 1987, p. 61）．慈善団体や国際援助団体が多数存在するということは，この道徳的な力を証し立てている．集団が害に対して極度に脆弱であると知覚されるところでは，普通，必要を満たす責務の「べし」は必要それ自体の「である」から何らかの仕方で出てくるのだ．

第II部では，この緊張を，人間の条件についてのひとつの理論を展開することを通じて，明らかにすべく努める．その理論は，私たちの「本性（nature）」とつながりを持つと同時に，それに決定されるものではなく，したがって個人にとっての主観的福祉の重要性を承認する．かといって，その主観的福祉によって正・不正や誰が何に対して権利を持つのかが決まってくるとするものでもない．客観的で普遍的な人間の必要という概念は，この作業

の中心にあると示されるであろう．これまでみてきたことは，そのような必要が存在するということ，そうした必要は，重大な害を免れようとするならすべての人間が達成せねばならない目標を構成するものとみられねばならないということである．そのような達成に関わる選択が生物学的衝動や無意識的な意志からどれほど制約を受けるのかということは，本書の目的のためには未決のままに留められる．

第Ⅱ部
人間の必要の理論

第4章　身体的健康と自律：諸個人の基本的必要

　必要の客観性を否定するという試みにはこのところ人気があったことは明らかであり，表面的にはもっともなことだと思える．人びとは必要なものについて何らかの強い感情を抱いており，そうした感情は文化や時代によって大いに異なるからである．たとえば，タウンゼントが明らかにしたところでは，英国において彼の定義で極貧に該当する人びとのうち，44％もの人びとが自らを貧しいと感じていなかった（1979a, p. 423）．しかし，貧困線——誰もがそれを下回る生活をしてはならないという必要の範囲——についての合意もまた，存在しているようなのである（Mack and Lansley, 1985, ch. 3）．この種の対立する証拠は，人間の必要に関する信頼できる決定要因が主観的感情ではないことを示している．このことは，私たちが非常に有害なものを強く欲することがあるという事実，また，私たちがそうした危害を避けるために必要なものに対して無知のために欲求をもたないことがあるという事実によっても，正しいといえるだろう．しかし，この事実の通用度は，何らかの客観的で普遍的なものが人間の必要にはあるという考えに依存しているように思われる．それは，必要の理論的および経験的な細目が個人的選好から独立しているという意味で「客観的」であり，深刻な危害という概念が万人にとって同一であるという点において「普遍的」なのである．

　近年，多くの著述家，とりわけプラントとレッサー（Plant et. al, 1980, chs. 3-5），ブレイブルック（Braybrooke, 1987），トムソン（Thompson, 1987）の先駆的な哲学的研究がこの点に取り組んでいる．この論争に対する私たちのこれまでの貢献は，今もそうであるように，とくにプラントとレッサーの研究から影響を受けたものである（Doyal and Gough, 1984）．必要の客観性に関して，倫理学においては，とりわけ米国のゲワース（1978）と英国のウ

ィギンズ (1985) が同様の結論に達している．厚生経済学，開発経済学，哲学の交叉領域では，人間のケイパビリティという同類の概念に関するセン (1984, 1985, 1987) の研究も影響力をもつ．本章において私たち自身の人間の必要の理論を展開する上では，これらのさまざまな見解に依拠することになる．

4.1 人間の行為と相互行為の前提条件としての必要

　日常的な言説において，基本的必要は，危害がどのように概念化されるにせよ，深刻な危害の回避と結びつけられていることを先に見た．上述のいずれの論者も，基本的必要をそうした危害の回避に必要な条件と見なす点でこれと同じである．深刻な危害それ自体は，明示的にせよ暗示的にせよ，諸個人が価値あると見なすところの諸目標の追求が著しく妨げられることとして理解されている．つまり，深刻な危害を被ることとは，自らの善の構想の追求を基本的に行えなくなることなのである．このように考えられた危害の客観性は，それが不安ないし悲しみのような偶発的な主観的感情に還元されないことを通じて確証されることになる．なぜなら私たちは，不安と悲しみを，他の多くの不愉快な感情と同様に経験しつつもなお，重要と思われる目的を成功裡に達成することができるからである（Thompson, 1987, pp. 35-54）．このように人間の基本的必要は，人びとがそのような条件で持続的かつ深刻な危害を回避するために達成しなければならないものを規定する．

　そのような危害について詳しく述べるもう一つの方法は，必要充足が乏しいことによって社会参加の首尾がどんな影響を被るかに関連したものである．諸個人が，達成しようとすることに対して恣意的で深刻な制限を課されることなく，何らかの生活形態に参加することができる．このことがない限り，実際に行った選択の細部がどのようなものであれ，その個人が私的あるいは公共的に成功する潜在力は充足されないままにとどまることになるであろう[1]．

私的および公共的な目標が何であれ，それらはつねに，過去・現在・未来における他者との上手な相互行為を基盤にして達成されるはずである．人間の全生活は，たとえ孤独な状態にあったとしても，他者から何を学ぶか，自分が学んだと考えるものを他者がどのように評価するか，そして，そうした評価に基づく自分の行動変化に対して他者がどう反応するかによって支配されている．つまり，私たちは社会生活へ参加することで達成されるもの——自分は何を行うことができて何を行うことができないかの発見——を通じて，自分が誰であるのかという自己像を構築するのである．私たちは人間活動の社会的性格，および，人間活動が根本的に毀損された場合に生じる深刻な危害の社会的性格について，本章および後の数章においてさらに探求していく．

さしあたり重要なことは，この意味での危害は，単に危害発生以前に比べて自らの欲望充足の度合いが減少するということではない，との認識をもつことである．すなわち危害とは，個人に危害が発生しなかったとすれば現実的な可能性のうちにあったであろう新たな達成が不可能になる程度にまで，能力が損なわれるということなのである．ミラーはそのことについて次のように述べている．

> 危害とは，いかなる個人にとっても，なんであれその人生計画にとって必須である活動に直接的間接的に干渉するもののことである．またこれに対応して，その個人の必要とは，なんであれそれらの活動が実行されるために不可欠なものからなるものと理解されなければならない．そう

---

1) このように捉えられた基本的必要充足の欠乏は個人に対するある種の損害を構成するのであるが，タウンゼントはこのことを剥奪，すなわち「役割を果たすことを可能にし，関係に加わることを可能にし，社会の構成員資格をもつがゆえに期待される慣習的な振る舞いにしたがうことを可能とする生活の条件を一切あるいは十分に持っていない場合」(Townsend, 1987, p. 130) と定義している．そのような根本的で長期にわたる剥奪をもたらす深刻な危害は，特定の文化的価値もしくはあらゆる個人の行為者の知覚，信念，実際の選択の価値がどんなものかということとは無関係に，持続するであろう (Plant, *et al.*, 1980, pp. 37-8; cf. Wiggins, 1985, pp. 157-9)．

> であれば，個人の必要が何であるかを決めるためには，第一にその人生計画を同定し，次にその計画にとってどんな活動が不可欠かを確定し，最後にそれらの活動の実行を可能とする条件を調査しなければならないのである（Miller, 1976, p. 134）．

　そうした条件が客観的であることを強調するミラーの定義は，客観性を大いに推奨するものである．だが残念ながら，ミラーの定義は諸個人の必要の内容を当人の人生計画と結びつけているため，必要充足の道徳的重要性は，それらの計画が道徳的価値を有すると前もって認められていることに基づいている．これでは相対主義へ逆戻りである．
　探究されるべきは，普遍化可能な前提条件である．それは，諸個人の現在の生活形態への参加，また，もし個人が現在の生活形態は誤っていると思う場合に選ばれるであろう別の生活形態への参加が，最小限にしか損なわれないことを可能にするような条件である．そうした条件が見いだされないことには，私たちが基本的必要充足に帰属させようと願っている特別な道徳的重要性を説明することは，不可能であろう（Goodin, 1988, pp. 32-3）．ハリスは社会政策の定式化に対する帰結について次のように要約している．

> 社会政策は，社会の市民に対して一定範囲の生活機会を保障することに向けられるべきである．ここで関連する生活機会とは，諸個人の地位をその共同体の完全な構成員として保護するために不可欠とされるようなそれである．その目的とするところは，その社会の生活形態に参加するための物質的機会を提供することである．そこから，必要はその目的達成に不可欠なものとして定義されることになる．個人は，社会の完全な構成員としてその社会の生活のあり方（way of life）に参加するための資源を欠いている限りで，社会政策の上で「必要をかかえている」のである（Harris, 1987, p. 101, cf. Weale, 1983, p. 35）．

第4章 身体的健康と自律：諸個人の基本的必要

では，そのような「資源」は，何からなるのだろうか．

何が人間を「人間」たらしめ，人間以外の自然と区別するのかに関する論争は，プラトン〔429-347 B. C. E.〕とアリストテレス〔384-322 B. C. E.〕に遡る．二人は理性が決定的であると考え，とりわけアリストテレスは徳——理性と選択がなければどんな動物も追求しえないもの——を追求することの重要性を強調した（MacIntyre, 1983, chs. 11-12; Norman, 1983, cf. chs. 2-3）．人間とそれ以外の自然とを分ける考え方は，のちに17世紀のデカルト〔René Descartes, 1596-1650〕によって，人間を形而上学的に物質的身体と非物質的精神とに分ける厳格な二元論として再構成された．カント〔Immanuel Kant, 1724-1804〕は，やはりこの伝統の枠組みのうちで思考しつつ，人格性（personhood）の構成要素に関する問題を，異なった表現で提示した．決定論的プロセスとして理解された肉体を背景として，人びとが自発的に行為を開始する能力，また，そうした行為への責任を想定される能力をもつために，人びとが適合していなければならない条件を探究した．人間の必要の性質には直接的な関心を示さなかったが，人間の必要の理論化に関連する多くの概念や議論を明確化した．諸個人が行為し責任を担いうるためには，そうするための肉体的および精神的能力——少なくとも，生きている肉体，すなわち，関連するすべての因果過程によって統御されている肉体，そして，熟慮して選択する精神的能力——の両方を備えていなければならないことを，示したのである．本書では，後者の選択能力を，最も基本的なレベルの人格的な「自律」の存在と同一視することとしよう（Lindley, 1986, ch. 2）．

自由についてのカントの分析は，身体の「行動（behaviour）」と，行動に「伴う」ところの「行為（action）」は区別されるべきであるという，現代の議論を先取りするものであった．生理学者や生化学者は，道を走っている人の身体の運動について因果的な説明を与えるであろう．だが，走者の動きに関する証拠をどんなに集めたところで，また，走者の動きが機械論的にどれほどうまく説明できたところで，走者が何をしているのかを同定し説明することにはまったく近づかないであろう．バスを追いかけて走っている，いじ

第Ⅱ部　人間の必要の理論

めっ子から逃げている，ジョギングをしている，というのは生理学的理解および生化学的理解においては同一の事象について可能な，両立する多数の解釈のうちのほんの三つの例を挙げたものである．多くの解釈のうち，どれが採用されるべきかを決定するには，その行為者が走っている・理・由に関する説明が要される．とりわけ，それは行為者の目的と信念——主体が目的と信念を遂行しようとする場合に選択した目標と戦略——の解明を意味するであろう．したがって，バスを追いかけて走ることで，その行為者は行わなかったかもしれない何かを行うことによって自らの自律性を表現しているのである．不合理な行為をした場合に主体が・咎・め・ら・れるのも，独創的に目標を達成した場合に行為者が賞賛されるのも，こうした理由によるところが大きい．そもそもカントが議論を展開した主な理由はこのことであった（Doyal and Harris, 1986, ch. 3）．

　こうした最低限の意味で自律的であることは，何がなされるべきか，また，・そ・れにどのようにとりかかるべきかについて，情報に基づく選択を行う能力を持っているということである．それは，目的，その目的をいかに達成するかについての信念を形作る能力，さらに，経験的根拠に照らしてそれらの信念の達成を評価する能力を伴う．「私たち自身の」理由であるところの目的と信念によって，私たちは「私たち自身の」行為へと論理的に結びつけられる．「私たち自身の」誤りを犯す能力は，私たちの行為の成功と失敗に関して，同様の役割を果たす．こうした最も限定的な用法において，自律は「行為主体性（agency）」と等しい．それは，何かを行うことができる，そして，それに対して責任を負うことができるものとして自分自身を捉えるための——あるいは他者からそう捉えられるための——明確な前提条件である．自分がどのようにして自分になったのかという物語は，成功したり失敗したりした肉体的・精神的な活動についての独自の上演目録から構成されるが，この上演目録のうちに，自律の存在は表現される．一つの人格としての私たちのアイデンティティが他者のそれと区別され別個の存在とされるのは，主にこの物語による（Parfit, 1984, Part III）．

第4章　身体的健康と自律：諸個人の基本的必要

　このように考えられた自律は，より強力な自己所有（self-ownership）の概念，すなわち行為を特徴づける目的と信念の双方をコントロールしているという概念とは，ほとんど関係しない（Dworkin, 1988, p. 15; cf. Haworth, 1986, ch. 1）．この考えを用いるならば，主人が奴隷に対して，自らは何がなされることを欲しているかについての正確な情報と，その奴隷独自の個性的なやり方で命令に従う余地，これらを与えていさえすれば，彼らはともに自律的だということになってしまうのである．以降本章末にかけて，この二つのグループを区別できるように自律の概念は強化できるのであり，またそれはどのようにしてかということを示す．

　以上を踏まえると，自律が損なわれた人とは，本人の行為主体性が何らかの形で制約されていることによって，行為する能力を一時的に著しく欠いた人のことである．たとえば，意に反する身体的行為を強制的にさせられている人，あるいは，実際にしたこととは異なったことをしたと思い込まされている人がそうである．たとえば，ある人が乱暴にレイプされた場合は第一のカテゴリーに含まれる．第二のカテゴリーについては，意図していなかったこと，たとえば罪を犯すといった行為を騙されてしてしまうという場合が例となるだろう[2]．したがって，身体的生存と人格的自律はどの文化のどの個人

---

[2] ここでは，なぜその行為があなたの行為であるのかは明らかではない．一方では，あなたが何をするかに関するあなたの選択を形成しているのは，どれだけ思い違いをしていようとも，あなたの理由（reasons）であるという限りにおいて，あなたはやはり意識的に行為しているのである．他方で，あなたはあなたの行為の創造者と呼ばれることはないし，また，あなたの行為に対する責任を負うことはない．なぜなら，騙されたことによって，あなたがしていることは自分がしていると思っていることと異なったものとなってしまっているからである．それは，あなたがすることに対して他者が付与する意味付けが異なっていることによって証明される．あなたが実行した行為——それはあなたが実行したと考える行為と対立する——の創造者は，あなたを騙した人であるということは，見当はずれではないだろう（Faden and Beauchamp, 1986 ch. 10, pp. 256-62）．このことは，もちろん，問題となっている行為の社会的に承認された意味をあなたが理解していたか，あるいは理解しておくべきだったかについて，考えるべき相当な理由がないことを前提としている．要するに，他者に支配される限りにおいて，あなたとあなたの行為の自覚的な結びつきは低減し，それに応じて，結果として最も基本的な自律が減損するのである．

的行為にとっても前提条件であるから，この身体的生存と人格的自律の二つが，最も基本的な人間の必要——行為者が他の価値ある目標を達成するため当人の生活形態に効果的に参加することができる以前に，ある程度満たされているべきもの——を構成するという主張には，合点がいく．

しかしながら，この主張はそのままでは循環的であるように思われる．一方で，私たちは，必要についてこう論じてきた．必要とは，行為者が為しうるばかりではなく，為すべきだとも思うことを為し得ないという客観的な危害を回避するために達成せねばならない普遍化可能な目標である，と．他方で，このようにも主張してきた．何らかの目標を達成する行為者は，行為する以前に，その生存と自律が確保されていなければならない，と．だがこのことは，生存と自律への必要をそもそも目標として語るのは誤りだということを意味せざるをえない．それは，生存と自律は，すでに生存と自律が実現されていない限り，実現されえないからである．トムソンは生存に関する同様の点を，次のように指摘している．「普通の状況では，『あなたに生存する必要がありますか』，『あなたに深刻な危害を避ける必要がありますか』という問いは，論理的に不適切である．それは，この二つの問いが，『死は致死的であるか』，『危害は有害か』という問いに含まれるカテゴリー・ミステイク〔論理階段の混同〕を含んでいるためである」(Thompson, 1987, p. 21)．では，私たちの推論は循環におちいっているのだろうか．

これはある意味でその通りである．確かに，固定的な状態と捉えられた生存および自律が他の目標や戦略——必要と見なされるもの——に対する志向的焦点（intentional foci）を提供している限りで，生存に関するトムソンの指摘はたしかに当を得たものだ．しかし，また別の意味では，私たちの何らかの達成が前提としているまさにそのことを達成する必要があると示唆することの見かけの上での循環性は，人間の行為能力の実際には程度というものがあり，また，それが時間の中で生起するものでもあることを思い起こすとき，解消に向かう．生存に関して言えば，生存という目標を胸に行為することがどのようなことであるか，私たちは余すところなく知っているように思

第 4 章　身体的健康と自律：諸個人の基本的必要

われる．快癒に向けて頑張れと病気の患者を励ます際，私たちがしているのは患者の余命を延ばすことであって，それ以外の何ものでもない．私たちは，抑鬱状態の人や搾取されている人が今以上に自らの人生をコントロールできるように支援を行う際，自律を基本的必要と見なしているが，それについても同様のことが言えるだろう．

　生命が危険に晒されている場合，生命を絶とうという自覚的な決定をしたのでもない限り，人は生き延びようと必死になる．そんな状態にある男性に，生き延びるためにはまずもって生き続けなければならないと伝えたところで，感謝されることはないだろう．その人は完全な健康体に決してなれないとわかっているかもしれないが，今よりも健康になるという目標をもっているのだ．同様に，昼間働いて夜間学校に通い，自分の行為とその帰結に関する理解を増大させようとしている女性は，自分が必死に増大させようとしている自律をすでに備えているという知らせに感謝の念を抱くことはまずないだろう．この人の目標は，彼女が自分の文化のなかで重要だと考えていることを今以上に行う能力を手に入れることなのである．

　要約すれば，今後私たちが生存と自律を基本的必要として論じる場合，それは個人ないし集団が生存と自律の双方の充足を維持するもしくは向上させるため実際に行為しうるような具体的な方法のことを指す．行為可能性が成り立つためには，これらの必要がすでにある程度まで満たされていなければならないのだが，将来の行為がうまくいくかどうかもまた，それがなされる際に行為者によって獲得されている生存の可能性と自律の程度に左右されるであろう．その点で，余命の延長と自律の増大という目標を引き続き基本的必要とみなすことは，理にかなったことだと思われる．

　このことが踏まえられれば，私たちは危害回避に関するトムソンの議論を無条件に受け入れることができる．もし，危害が最終状態で，基本的必要がそれとの関連で定義されるならば，危害の回避は必要と呼ばれるべきではない．「A は Y をなすために X を必要とする」場合の究極点「Y」として，危害回避はすべての人間の最終目標となるゆえに，最も基本的な人間の利益と

して扱う方がより理にかなっている[3]．ここでは，一般的な言い方として，生存と自律は深刻な危害——これまで述べてきたように，ある生活形態への参加が劇的に妨げられること——を回避するための基本的な前提条件であることに留意するだけで十分である．もちろん，これらの必要の充足は，参加がうまくいくことを保証するものではない．幾多の理由によって失敗することもあるであろうし，もしそうでないとしたら循環に陥ってしまうからである．しかしながら，生存可能性と自律の増大によって，どこに暮らす誰であろうと，その人の参加の度合いが増すことの経験的な可能性は明らかである．そこで，そのような向上への潜在力が実践上は何を含意するのかについて，吟味することにしよう．

---

[3] トムソンは「利益」を次のように定義している．

> 私たちが危害を受けたときに（私たちが必要とするものが不足することによって）剥奪される基本財が，善であり価値あるものであるのは，それが欲せられるからではなく，私たちの利益に役立つゆえである．利益という観念によって，意味と価値のある生の一部を構成する活動および経験の範囲と種類とが定義され，また，それらの活動および経験の価値の本性が定義される．この型の活動は基本財であり，それらは善であるのだから，それらを奪うものは悪であり有害である（Thompson, 1987, p. 76; cf. ch. 4）．

人間の利益についてのこの概念を，ファインバーグのそれと比較せよ．後者の場合は私たちの基本的必要の概念とおおよそ同じである（Feinberg, 1984, p. 45）．

> 私たちの〔言う〕究極的な利益とは，特徴の上で，C. L. スティーブンソンが「焦点目的」（focal aims）呼んだものと類似している．それは，他の多くの異なる諸目的の手段でもある諸目的（唯一の目的ではない）である．（「究極的」という意味において）より重要な私たちの目標は，スティーブンソンによる焦点目的の形式的な定義を満たす．「〔焦点目的とは〕多くの異なる目的に対して格別に重要な，もし他の何かがこれへの手段でないのならそれは圧倒的な価値をもたないであろうほど重要な，手段でもある目的」．

ファインバーグ（p. 47）は続けて，「それが存在しさえすれば利益が妨げられる場合にのみ」，あるいは，言い換えれば，それが基本的必要充足を妨げる場合にのみ，単に望ましくないだけでなく有害になると定義している．

4.2 基本的必要としての生存／身体的健康

　まず，生存の方を取り上げる．これまでのところで読者はすでに，身体的生存の必要それだけでは人格（person）であることの意味を十分に評価できないのではないかと，心配になっているだろう．そのような気持ちがなぜ生じるのかは，生命維持装置上で深い昏睡状態にあって，別個独立で行為する能力を持たない自動車事故の被害者の状態を考えてみればわかる．これは無意味な哲学的問題ではない．そのような被害者が行為能力を取り戻すか否かは，結局のところ被害者の運命を決定するからである．身体的には生存しているにもかかわらず，最良の臨床的見解が，意識を取り戻す見込みは皆無ないし極度に薄い，というまま変わらないのであれば，最終的に人工呼吸器は停止されるかもしれない．重度の脳損傷の人や長期の痴呆状態にある人は，生命維持装置上の人格／身体とほぼ同様に，通常の人間活動をほとんどなしえないとある時点でみなされるだろう．極めて重度のアルツハイマー病の場合のように，回復しないと確実に判断しうるならば，生存の不自然さをめぐる同様の倫理的な問題が浮上する（Kennedy and Grubb, 1989, pp. 1086-116）．

　そうであれば，他の必要に目を向けるよりも先に充足を試みるのが諸個人の利益にかなうだろう人間の基本的必要とは，単に生存そのものというよりも・身・体・的・健・康なのである．毎日の生活を首尾よくこなすためには，何をするにしても，また，どのような文化的文脈においても，生存の場合より，かなり多くのことをなさねばならない．諸個人は良好な身体的健康をわずかばかりは持たなければならないのだ．日々の生活における実際の仕事や課題を仕上げるためには，身体的・精神的・感情的な能力が不可欠であり，身体的健康が優れないことでそれらの能力は通常妨げられる．しかしながら，健康と病気（illness）を定義することは容易でなく，それがどうなされるべきかということは激しい論争の対象になっている．ここでそうした問題のいくつか

に取り組むことは避けられない．

　生理的インペアメントに焦点を当てる身体的健康の定義は，生物学的疾病 (disease)，より正確にはそれに罹っていないことと概念的に結びついているため，しばしば「消極的な」定義と呼ばれる．この見方においては，諸個人が持続的かつ深刻な仕方で一つ以上の特定の疾病に罹っていないのならば，個人の身体的健康への必要は充足されている，とされる (Stacey, 1988, pp. 169–72; Caplan, 1981, Parts. 1, 5)．本書の目的にとって，この見解が有用であることは明らかであろう．通常，患者は重い疾病のために，自らが置かれた特定の生活形態へ，自ら期待し，また期待されたほど良くは，参加することができなくなる．まさにそうした参加への障害が，私たちがその身体的原因を不正常 (abnormal) として述べる，そもそもの動機である (Fulford, 1989, Parts. 2, 3)．したがって，これらの疾病の回避は，大多数の諸個人が達成したいと願う目標であろう．この意味において身体的健康を失うことは，飢饉や伝染病といった大半の人々にあてはまるような何らかの理由がない限り，また，社会の構成員がそのような状況に対処できるようにする複雑な社会的メカニズムがすべての文化において発達しない限り，不正常であると見なされる (Parsons, 1958, pp. 165–87; Morgan *et. al.*, 1985, pp. 45–52)．

　身体的健康の消極的定義は，生物医学モデルによってもたらされる技術的理解によって，外観上の普遍化可能性を持ち，極めて具体的なものとなってもいる (Doyal and Doyal, 1984)．診断と治療へのこのアプローチは，その因果的性格および，その結果としての法則的規則性への関心ゆえに，異なる社会的文脈にある人々の身体的健康を比較し，理解し，ときには向上させる，文化横断的な基礎を与えてくれるように思われる．だが，相対主義者はこの時点で，生物学的不正常の概念および適切な処置の概念は文化ごとに異なると反論するかもしれない．すなわち，自文化中心主義的な仮定，さらには人種差別主義的な仮定に立つことなく，誰が正しく誰が間違っているのかを言えるような資格が誰にあるのか，と．現実なるものは，経験を解釈するために用いられる医学的理解の枠組みの副産物であると思われるのだから，治療

第4章　身体的健康と自律：諸個人の基本的必要

に関する様々なアプローチのうち一つを合理的に選択することは不可能だというのが，相対主義者が好んで取り上げる問題である（Wright and Treacher, 1982; Armstrong, 1983; cf. Stark, 1982）．

こうした疑念に取り組むのに，いずれも貧困と重度の結核に苦しんでいる，シカゴの25歳の失業者，リオデジャネイロの40歳の臨時雇い労働者，ナイロビの12歳児童の例を検討してみよう．文化の違いがどうあれ，彼らは三つの点で似通っている．

第一に，彼らはいずれも具合の悪さを感じている．特定の症状や苦しみを背景として，望むような仕方で自らの生活形態へ参加するための知覚された能力は，重度に害されてきたことであろう．しかしこの知覚は，3人が実際にどう感じているかについての関数となるだけではない．同時に，3人はその身体的状態のために，実践への持続的な参加が機能的にできなくなっているはずである．何しろ，そうした能力がこのように失われることが伴わない場合でも，人は具合の悪さを感じることがあるのである．参加へのインペアメントに両方の要因——損なわれた行為主体性という主観的な感情および身体的現実——が見いだされる場合にのみ，その原因と目される疾病に，最終的かつ適切に普遍化可能性が帰されるであろう（cf. Boorse, 1975, pp. 49-61）．この場合の疾病は結核である．[4]

第二に，3人が自分の病気を言い表す病名や，その発症や症状の説明の仕方が様々に異なるということは極めてありそうなことである．しかしながら，結核菌とその感染の帰結に関する技術的理解を踏まえた上で，正確な検査で陽性とされた3人が結核を患っていることを否定することが実際に何を意味するのかは不明である．それは，たとえばヘリウムが気体であること，加熱されると拡張すること，それは分子構造に対する熱作用によるものであるこ

---

[4] ここでは二つの留保が不可欠である．第一に，個人は身体的疾病を患っていながら，具合の悪さを感じていないかもしれない．しかしながら，疾病の同定は，やはり，疾病と他の病気の経験の間にある連関を事前に承認することに依拠している．第二に，身体的疾病に罹りつつも，参加能力は損なわれていないということがありうる．そのことは，適切な社会環境，支援，サポート・ネットワークへのアクセスに依存する．

とを否定することが何を意味するのかは不明であるのと同様である．

　第三に，利用可能な最良の技術的理解によって，予防と治療に対する最も効果的な生物学的・環境的アプローチも示され，それらがなぜ有効なのかも最も完全に説明される．結核に罹っている3人のケースすべてに関していえば，予防手段は感染への抵抗力を最大化する適切な住居，食事，衛生，予防接種である．治療手段は主に，しかるべき型の抗生物質ということになるであろう．

　もちろん，このようにすんなりといくものばかりとは限らない．ガンのような疾病の場合，原因ははっきりせず，予防についてはかなりのことがわかっているものの，治療法はほとんどない．治療中心の医学に対する根本的な批判の文脈においては，結核，コレラ，腸チフスといった19世紀の致死的な疾病は，基本的に生活水準の向上によって減少したことが自明の理とされている．同様に疫学的証拠からは，ガンや心疾患のような20世紀の豊かさが生み出した疾病について，治療よりも予防の方が有望であることがはっきりしている．しかし，そうした証拠は実際のところ生物医学的な理解に基づくものである．というのは，問題となっている疾病はすべて，過去の生物医学研究を背景として，生理学的同一性や診断可能性を獲得したものだからである．[5]

　身体的疾病および病気を理論化するアプローチは多様でありうるし，また実際に多様であるというのはもちろん本当である．しかし，回復がかなり確実で，疾病や病気がどう概念化されようがさほどの違いが出てこないような比較的軽微な疾病や病気でない限り，もしくは，治療法が特に有効であると証明されていない場合の慢性的疾病や病気でない限り，「伝統的」アプローチは，医学モデルにもとづくアプローチと，どうにも競合しがたい．今やこのことは世界中に広く受け入れられている．伝統医療がいまだに広く行われ

---

[5] Reiser (1981, chs. 1-7). 治療薬にはもちろん問題がないわけではなく，個人の健康的必要の侵害においてひろく乱用されていることに疑いはない．これらの問題は10章でさらに議論する〔訳出されない〕．

ているところにおいてでさえ，生物医学的な理解は，重度の疾病や病気の治療と予防に可能な限り用いられている（Len Doyal, 1987, pp. 27-40）．たしかに，医療および低開発についての現在の多くの文献では，「二足歩行」という中国式モデル——症状と費用対効果に応じて伝統的アプローチと医学的アプローチを使い分ける——が理想的であるとされている（WHO, 1983a; cf. Kleinman, 1984）．しかし，このことは，生存にとって極めて脅威になるような疾病の場合，とりわけ感染症が絡んでいる場合には，ほとんど必ず，利用可能な生物医学的技術が用いられることを意味する．

つまり，消極的な仕方でなら，身体的健康について文化横断的に考えることができるのである．自分なりの，能動的で成功に彩られた生活を送りたいのであれば，余命を最適化する基本的必要，また，医学的用語によって概念化されるところの深刻な身体的疾病および病気を回避する基本的必要，この二つの基本的必要を満たすことが個人の客観的利益となる．このことは，どこにでも，誰にでも当てはまる．[6]

4.3 基本的必要としての自律

身体的健康の消極的定義は明確で，潜在的に有用であるが，多くの人はその定義が問題を孕んでいると考えており，それは正しい．というのも，最大限害を免れた人間活動と相互行為の前提条件には，深刻な生物学的疾病の欠

---

[6] 反対に，身体的健康の乏しさは実際に創造性を向上させ，したがって自律を高めることもあるという主張がしばしなされる．たとえば，ミラー（1976, p. 131）とハリス（1987, p. 132）は，視力を失ったことで学術的追求にさらに効果的に集中できるようになったため状況が良くなった，と受け取れることを言った哲学者ブレンターノ〔Franz Clemens Honoratus Hermann Brentano, 1838-1917〕に言及している．そうした議論が考慮に入れ忘れているのは，ブレンターノは自らが主張する向上したやり方で自らの障害に対応するために不可欠だった概念的手段を得るに足る，十分な身体的健康を保持していたはずであるという事実である．

如よりもはるかに多くのものが含まれているからである（Salmon, 1984, pp. 254-60）．個人の自律もまた，維持され向上されなければならない．身体的健康の第一次的必要が充足された状態にありながら，きわめてわずかしか行為に着手できない行為者という状況は想像に難くない．ここで「着手する（initiate）」は決定的な言葉である．なぜならば，人格が行為に着手するというその仕方は，機械と根本的に異なっていると見なされているからである．機械はそのメカニズムと法則的な規則性を通じて理解される．しかし，人びとは肉体的な諸要素間の決定論的関係以上のものから構成されている．これまで見てきたように，諸個人は自分の利益になるとみなすところの一貫した目的と戦略を立てる自らの能力との関連において，また，自らが行う活動においてそれらを実行に移そうとする試みとの関連において，自らの自律を表現する．それゆえに，諸個人は実践的にも道徳的にも自らの行為に責任を負うと考えられるのである．これに対して，たとえば同じような意味での選択をなすことがありえない機械についてはそうは考えられない．私たちは，当てにならない機械に対して怒りを覚える人びとに同情することもあるかもしれない．しかしながら，そういう人びとの合理性を賞賛することはとうていできないのだ．

　三つの変数が諸個人の自律の水準に影響する．自分自身について，自分の文化について，その文化の中で自分に期待されていることについて，その人格が有する理解の水準，個人が自分自身の選択肢を形成するための心理的能力，そして，個人がそれにふさわしく行為することを可能にする客観的機会である（Faden and Beauchamp, 1986, pp. 241-56）．それぞれ順を追って見ていこう．

理　解

　自己と文化に関する理解の程度は，どれほど教師が利用可能であるか，またその質はいかほどかということに依存している．人は行為することを独習するわけではない．それは他者から学ばなくてはならないのである．どの認

第4章　身体的健康と自律：諸個人の基本的必要

知技能が学習されるかは文化に応じて異なるが，まったくばらばらということはないであろう．たとえば，最低限受けいれられる方法で社会的に相互行為することをすべての子どもは学ばなければならず，そのことは子どもがその過程で従う特定の文化的規則がどのようなものかとは無関係にいえることである．仲間に対して絶えず嘘をついたり，なぐったりすることは，上手な社会的相互行為の方法ではないであろう．同様に，あらゆる文化において言語技能は，行為者が自らの世界を秩序づけ，その中で何をすべきかについて思量することを，概念的に学ぶための媒体として必要である．この意味で，個人の意識は本質的に社会的なもの，他者との相互行為の副産物である．意識が部分的に言語的である限りで，それは明らかに社会的である．ウィトゲンシュタイン〔Ludwig Josef Johann Wittgenstein, 1889-1951〕が示したように，私的言語——個人がまったくのゼロから創造した言語——が存在しえないのと同様に，純粋に私的な人格は存在しえないのである（Doyal and Harris, 1986, pp. 80-6）．同様の考え方は，特定の運動技能の習得にも当てはまる．ロビンソン・クルーソー〔ダニエル・デフォー（1660-1731）が1719年に出版した小説の主人公〕伝説の問題は，クルーソーはいかにしてきわめて勤勉（かつ人種差別主義的）でありうるかを既に知っていたが，それは既に教わっていたからだったということである．歌にあるように，「人びとを必要とする人びとは世界で最も幸運な人びと」ということではない．誰もが何者かになるために人びとを必要としているということである．

　学習と教授の形態にも，高水準の自律にとってどれだけ助けになるかという点で違いがあるだろう．教えられる内容によって大きな違いが生まれる．すべての文化に共通な活動がいくつかあり，それらは人が成功裡に参加できるようになるため，また，その中で何が起きているかを理解できるようになるためは，全員がそれらに対して準備を整えておかなければならないような活動である．ブレイブルックはそうした社会的役割を親，世帯主，労働者，市民に区分しているが，これは適切である（Braybrooke, 1987, p. 48）．たとえば良き大工や料理人，あるいは何であれその何かになるためには，特定の

技能を学び，それも良く学ばなければならない．専門家と交渉する場合の私たちの自律の強さもまた，私たちの理解と関連しているであろう．たとえば医療関係では，薬や健康についてより多くの知識を持つ患者は，医師や自分自身に対してより多くを要求しうる．知識を持った患者は知識を持たない患者よりも多くの選択肢をもっているのである（Gorovitz, 1982, ch. 4）．

このことは，新しいことについて思考しかつそれを為すための能力がどれくらいあるかということが，当の個人に関する実践的な諸要求との関連において文脈化されるべきことを明確に示している．学習のある一定のパターンがそうした要求に適合している程度に応じて，個人の自律は促進されたり妨げられたりするであろう．人は結局のところ，学ぶ内容が何であれ学んだことには違いない，のかもしれない．しかし，制度的形態はどうであっても，関連性のある優れた教育とは，学習者が自らの文化に参加できるよう準備させるものであろう．学習者はそれによって，仲間からの敬意を勝ち取り，自己肯定感（self respect）を高める．自律が公教育によって害されうるというのはこのためである．たとえば，共同体の職業教育上の必要や個々の生徒の感情上の必要とは関連性のないカリキュラムによって，自律は損なわれうるのである（Entwistle, 1979, Parts I–II）．自律は人びとが教わる方法によっても同様に害をうける．好奇心が刺激されることなく，また知的な面での自信が強化されることがなければ，人びとの潜在的な選択肢の範囲は，世界と他者に影響を及ぼす能力とともに人為的な制約を受けることになるだろう（Grundy, 1987, ch. 3）．その結果，人びとは客観的に能力を損なわれるのである．

精神的健康

自律の第二の重要な決定要因は，個人の認知および情緒的能力であり，究極的には精神的健康である．私たちが考察してきた自律のあらゆる定義において，合理性は重要な構成要素である．だが，合理性は精神的健康との関連では何を意味するのだろうか．こうした言葉遣いにおける自己の喪失にはさ

まざまな説明が可能であり，それは憑霊といったことから〔脳内の〕化学的バランスの崩れまで，多種多様な文化的形態をとりうる．精神病に関して病因が特定されていないために，すべての精神的病気が，身体的病気についてそう言われるような意味で，身体的病理と相関しているのかについては盛んに議論されてきた．Kleinman and Good（1955）や Cox（1986）に寄稿している人々をはじめとする何人かは，他文化の病人に対する，西洋的な精神病の概念の適用可能性について疑問視している（cf. Mezzicch and Berganza, 1984）．オベイエスケレ（Obeyesekere, 1985, p. 134）はこれに関して次のように言っている．「人生は苦しみと悲しみだとする仏教のイデオロギーが支配的な社会では，西洋の診断名である『うつ』はどう表現されるのだろうか」．ハーストとウーリイ（Hirst and Woolley, 1982, Part II）は，正統派の精神病の概念に対して，骨太の相対主義的な批判を展開している．サズ（Szasz, 1961）のように，まさに精神病の存在そのものに異論を唱えて，精神医学は競合する道徳的，政治的，宗教的な価値が統べるのが正当な領域を，誤った疑似科学に置き換えようとしているのだと攻撃しているものもある．

　これらの批判は，文化的背景の異なった諸個人の精神病を診断する際に払われるべき配慮に注意を促しているという点で重要である．しかしながら，そうした議論は，身体的障害ないし認知的障害とは区別されるものとしての情緒的な障害について，あるいはその理由のいくつかについて，文化中立的に同定できるという可能性を排除するものではない．なぜなら，精神病は第一義的に個人の自律の重大な減少に即して概念化しうるからである．「精神病は，主に自分と自分の社会的・物理的な背景について知り，それらに対して合理的かつ自律的な方法で対処することが，極度かつ長期的に不可能になっていることを伴う，望ましくない精神的／行動的逸脱のみを指す．換言すれば，狂気とは極度のかつ長期的な実践的な不合理性と応答不可能性（irresponsibility）である」（Edwards, 1982, p. 70; cf. Engelhardt, 1982）．精神的健康はその反対概念で，「実践的な合理性と応答可能性」を意味する．ぎりぎりのところで合理的と見なされない場合や，「極度」や「長期的」が意味す

るものの境界線については意見の相違があるだろうが，こうした意味での合理性からの逸脱であって，あらゆる文化において逸脱と同定されるだろうようなものも数多く存在するのである[7]．

すべての行為は，そもそも行為に分類されるために一片の理性を体現していなければならないため，自律的な個人に現れる合理性と責任の最低水準を厳密に定義することは困難である．一般的にいって，最低水準の自律があるというとき，以下のことが持続的に伴っているであろう．

a) ある生活形態に共通の目的と信念を形成する知的能力を行為者がもっていること
b) 行為したいと欲し，よって生活形態に参加したいと欲するに足る自信を行為者がもっていること
c) 継続的に目的と信念を形成し，それらについて他者とコミュニケーションをとることを通じて，行為者がしばしば実際にそれを実行すること
d) 自らの行為が他者ではなく自分によって行なわれたことを行為者が知覚していること
e) 自らの行為の成功に対する経験的な制約について行為者が理解する能力をもっていること
f) 自らの行為の責任を行為者がとれること

[7) ボアースは，このアプローチに対して，興味深い進化論的な土台を提供している．ボアースはダーウィンとフロイトに依拠して，ある種の精神過程——たとえば，認知過程，記憶，知能，痛みのシグナル，言語——は，人類すべてにとって不変のものであり，標準的な進化論に沿うかたちで発達してきたものだと主張している．よって精神病は，その起源に関する文化的な特定性がなんであれ，こうした機能を不自然に妨げるもののことを指す (Boorse, 1982)．フルフォードはさらに続けて，文化横断的な客観性は，行為者の価値体系がどうであれ，何らかの身体的機能障害に還元しえない害された行為および交流に関する認識から導き出されると主張している．身体的病気ではなく精神病ということになるのは，単に何らかの所与の社会規範に反することによるのではなく，この認識によるのである (Fulford, 1989, chs. 8, 9)．

第4章　身体的健康と自律：諸個人の基本的必要

　身体的健康と同様に，自律は最も基本的な水準においては，消極的に——これらの一つ以上の特性が欠けているときに生じる深刻な客観的障害に関連づけて——理解されるべきである[8]．

　先の特性が個人に欠けている場合，人は情動障害ないし精神障害をもつとされるかもしれない．ここでは詳細な症候学には踏み込まないが，こうした意味において深刻かつ永続的な病気（ill）の状態にある人びとは，意図的な社会的相互行為が成功だと言える最低限の水準以上のものに達するに足るのに十分な自律の水準を失ってしまったか，一度も達したことがないのである．確かに，支援によって，そうした人びとの障害は現状よりも減らすことができるだろう．さしあたり私たちが焦点を当てるのは，深刻な精神病の患者のことである．ここでは，詳細な原因論についてはよくて論争中であり，社会参加への重大な障害が存在する．だが，認知および感情能力の回復について語ることは，たしかに意味を成す[9]．

　深刻な精神病において，合理性の欠如は幻視幻聴，妄想，思考パターンのはなはだしい不整合など，多様な形態をとりうる（Clare, 1980, chs. 2-3）．たとえば心因性うつ病では，自己感覚がほとんど総体的に失われ，日々の活動への参加が不可能になる．軽度の臨床的うつにおいてさえも，行為者と行為との間にはなお隔たりが認められる．このことは具体的には，物理的・社会的な環境にあって病人に何がふりかかってくるかということについての，多少なりとも不自然な宿命論の感覚を意味している．このことはしばしば，無

---

8) 本書が素描した最低限の合理性の条件は，（先に定義した）持続的な自律的行為をなしえる人と，なしえない人とを区別するものである．この限りにおいて，行為者が支配的な規範と法律にどれほど従っているかということについては，この条件は中立的である．言い換えれば，最も過激な逸脱者の行為は，これらの条件を満たしているのであれば，やはり高水準の自律を反映しているのである．合理性に関する文献は，精神に焦点をおくものと，意思決定のモデルに焦点をおくものとに分かれている．前者に関しては，Culver and Gert (1982, chs 2-6) を参照のこと．後者に関しては，Haworth (1986, chs. 2, 5) を参照のこと．
9) 私たちは先の疾病（disease）と病気（illness）の区分に立ち返り，病気の身体的病理が同定されたのでない限りは，「精神疾病」という表現を用いないことにする．

力感 (Seligman, 1975),管理欠如の感覚 (Phares, 1976),無価値感 (Beck, 1967),敗北感 (Gilbert, 1984, ch. 4) とともに,宿命論の結果として人生の予測不可能性への不安感を伴う.要約すると,これらの理論家は皆,うつ状態にある個々人が自分の生活に対するコントロールを失い,私たちが自律と呼ぶものについての低水準に陥りうることを,さまざまな仕方で述べているのである.繰り返しになるが,コントロール喪失の理由や諸個人が自らを解釈する方法は文化によって多様であるかもしれないという事実は,その症状が通文化的に同一類型の障害に通じているという主張になんら逆らうものではない[10] (Foster and Anderson, 1978, ch. 5; Helman, C., 1990, ch. 10).

人格的自律の積極的概念はどのようなものであれ,この悪夢のようなヴィジョン——自文化に参加できない諸個人,なぜかが理解できない諸個人,自らの想像によって苦しめられ,それについてどうすることもできず,薬にたよって「何とかやって行けている」諸個人についてのヴィジョン——の否定をその経験的核心に持たねばならない.このことを反映しているのはヤホダ (Jahoda, 1958) の研究であるが,そこでは積極的な精神的健康の構成要素として,自己成長,〔十分な〕情報に基づいた自己受容,アイデンティティの感覚,人生の目的の統一性,ストレスと欲求不満への耐性,「環境の統御」

---

10) 重度の精神病に対する完全な相対主義的アプローチには,そうした障害の客観性に疑問を投げかけ,苦しんでいる人々への適切なケアを拒むことを正当化しかねないという危険性がある.セジウィックは次のように力説している.

> 精神病という概念を除去したり,縮小したりしようとする修正論のために,精神保健サービス改革の強力なキャンペーンが順調なスタートを切ることが少々困難になっている.修正論者は自分たちと世論が……〔中略〕……すっかり休眠状態に陥ったものとみなしてきた.しかし,ラベリング理論や反精神医学社会学の悲劇的な態度を,闘いから超越した姿勢として真面目に受けとめることはできない……〔中略〕……それは,闘いのなかにあり間違った方に属している.すなわち,集約的な精神医学の施設を閉鎖することを望み,精神病の犠牲者を路上に放り出すことを望み,大衆に何か医学的なことがまだ行われていることを確信させるため時々は被害者に精神安定剤を注射すればよいとするような人々の側に,である (1982, p. 41; cf. Fulford, 1989, ch. 10).

が挙げられている．同様の概念を操作化しようとする最近の試みにおいて，ワー（Warr, 1987, ch. 2）は精神的健康の構成要素を情緒的厚生，対応能力，向上心，統合機能と自律の五つに類別している（私たちは精神的健康を自律の構成要素としている点においてこれとは異なる）．もちろん，このことは精神的病気の人々が完全に自律を失っていることをなんら示唆するものではない．誰もが何かをなすためにはある程度自律的でなければならならず，それはその人が日々の活動において示したり感じたりしている無力感の程度とは無関係である．このことの芸術的な例は，何より，重度の精神障害の患者にみられる高い創造性であり，法的な例は，強制的な精神治療の対象となっている多くの患者が自らの生活の他の側面については情報にもとづいた選択をすることができないとは見なされていないという事実である（Mason and Smith, 1987, ch. 18）．

　以上のように論じたことで，私たちは二通りの誤解を受ける可能性があるため，前もってそれらを正しておかなければならない．第一に，私たちは，互恵性と相互依存を犠牲にして，別個独立を強調する非社交的で個人主義的な価値を賛美していると主張されるかもしれない．他者の犠牲の上に個人的自己利益を追求するような類の自律は，やはり普遍化可能な人間の必要を構成するものではない．実際，いくつかの研究によれば，自己肯定感は社会への肯定的態度，利他性，寛大さと密接に関係しており，また，世の中で行為する能力に最も自信がある人びとは，他者の必要について最も敏感な人びとでもある傾向がある（Lieven, 1989）．さらに，そういう人びとは大抵の場合，他者の状況を向上させようと行動する人々であり，また，逆境のときでも必ずしも屈しない人びとである．たとえば，〔米国〕南部へ赴いてそこに住み込み，ときには命を危険にさらし，また安楽や当面の職業を犠牲にして，長期にわたる反人種差別運動に参加した米国北部の若者は，強い自己感覚を示したことがわかっている（Coles, 1967）．ここから，一般に，抑圧的な社会秩序に対する挑戦は，挑戦する人が自律的であればあるほど，効果的なものとなるといえそうである（Barrington Moore, 1978, ch. 3）．

第Ⅱ部　人間の必要の理論

　第二に，私たちの自律に関する分析は，フロイトにリップサービスをしておきながら，フロイトその他の精神分析理論家がもたらした人間理解の革命をふまえていないと主張されるかもしれない．それは，本書が主張する選択と意思決定のモデルが，身体的・教育的・感情的・社会的な変数が正しくされうるのなら，個人は潜在的には自らの生に対して責任をとれる立場にあることを，今なお基本的に前提としているためである．精神分析の伝統に立つ者の多くはこのことに異議を唱えるだろう．そしてこう言うだろう．深刻な精神障害やうつ状態にないことをはじめとするいくつかの測定基準において高得点を得たゆえに自律的であると見なされる行為者であっても，また高水準の自己決定を打ち出しているように見受けられる行為者であっても，実のところはやはり無意識の支配下にあるのだ，と．それが実際にはどういうことなのかという問題は，残念ながら，まさしく精神分析家のあいだにおいてすらいまだに大論争が続いている問題でもあり，ここでその問題に立ち入って議論することは適切ではないであろう．無意識の影響がどのようなものと判明しようとも，私たちが示してきた意味で自律的であればあるほど，個人は人生の目標を追求する上でより自由になるであろうという事実に変わりはない．すべての精神分析が達成しようとしているのは，まさしくこうした自由に対する気まぐれな精神的制約の最小化なのだから，私たちの理論はその目的と相反するというよりもむしろ互いに補い合うものとみなされるべきである．

　このように述べたからといって，私たちは，人格的自律の向上によって必ず主観的幸福が増大するだろう，と主張しているのではない．精神分析の伝統の多くはこの点について確信しており，私たち自身は必要と選好を明確に区別することによって，すでにそのことを明確に示している．だが，ガントリップはさらにこう主張している．「精神分析家ができることはせいぜい，患者が神経症の苦しみを一般的な人間の不幸に置換するのを支援することに過ぎないとフロイトは言ったが，それは悲観的過ぎる見解だと私は思う．患者の目には，はるかに現実的で安定した仕方で自分自身と生とを経験する可

能性の感覚がちらついているのだ」(Guntrip, 1968, p. 279; Freud, 1961, pp. 292-3). 言い換えれば，治療の成功によって諸個人にもたらされるのは，自らの生活形態への参加能力の向上，あるいはその生活形態を疑問に付す能力の向上である．そうした参加が不幸なものとなるかもしれない──往々にしてそうなっていることに疑いはない──という事実は，そうした参加による解放の潜在力を決して否定するものではない．まったくのところ，そうした不幸を最小にしうるものがあるとすれば，それは社会参加の成功がもたらす自尊 (self-worth) の感覚であろう．[11]

機　会

　自律がどれほど増大させられうるかという程度に影響する第三の変数は，行為者に対して開かれている新規かつ有意義な行為の機会の幅である．ここで「有意義」とは，ブレイブルックの先のカテゴリー──親，世帯主，労働者，市民──のいずれにおいても社会的意義があるとみなされている行為であり，あるいは，行為者が自らの生活形態への自らの参加を合理的に向上させる上で意義があるとみなしている行為のことを指す．このことの意味は，自律の向上を選択肢の増加と結びつける場合，その選択肢とは従来通りのものとは違ったものでなければならないということである．人は一日中コインを投げ続けることを選択することもできるが，その過程がその人の自律の向上とみなされることはほとんどないだろう．他の洗剤と実質的にはまったく変わりがない洗剤のブランドの選択は，自律の拡大よりは縮小と関連している (Dworkin, 1988, ch. 5). しかし，有意義な選択をなすためには，そして，それを首尾よくなし遂げたことを知ることから来る誇りと喜びを享受するためには，その機会がなければならない．機会を持つことを拒まれた人びとは，自由と自律について人為的な制約を受け，人としての自らの能力のいくつかを探究することができない (Haworth, 1986, ch. 6). 圧政が忌まわしいもの

---

11) この点に関して，Bernard Burgoyne に大いに感謝する．

だというのは，他の何にもまして，このことゆえである．

しかし，すでに見たように，抑圧された人びとも選択することができる．そうした人びとの生は，それに対して彼らにはなんら口出しする権利のないような社会的役割を形成するルールの解釈の中での，ありきたりな選択で満たされている．確かに，これらの制約の厳しさやそれが招きうる極度の困難に鑑みれば，与えられた状況のなかで何とか生計をたてる行為のうちに，また，自らの尊厳を保とうとする行為のうちに，そして，自分がその人たちに対して責任を感じるような他者の，その尊厳を支援しようとする行為のうちに，しばしば偉大な創造性が示されてはいる．抑圧された人びとの自由が幻想であるならば，つまり機会が一切ないのであれば，そうした人びとが抑圧の鎖を振りほどけるよう励まし支援することはほとんど意味をもたないであろう．最も劇的な例は奴隷制であるが，極端で過度の貧困状態にあるすべての集団にも同様のことが当てはまる．このことはまた，そうした諸集団内の諸個人の行為主体性の自由——つまり原理的な意味での選択能力——の政治的重要性を強調するものでもある．構成員が自分の受けている抑圧に対して常時ほとんど挑戦していないとしても，このことはいえる．

しかしながら，これもまた明白であるように，行為主体性の自由は政治的自由に関連する，より高次の自律や機会と混同されてはならない（Doyal and Harris, 1986, ch. 5）．基本的必要としての自律に関する私たちの分析は，これまでのところ，何らかの生活形態——それがいかに全体主義的であったとしても——に参加するための必要条件に焦点を当てたものであった．個人の自律は明らかにこれ以上の水準に達しうる．ある文化の規則に同意すること，もしくは，文化の規則を変更することにおいて，疑問を呈する機会や参加する機会が存在するところでは，行為者は政治的に抑圧されている人々にはない選択肢によって，大いに自律を高めることができるであろう．そういう状況においては，それまで，彼らの特定の社会環境のうちに既にあった規則を解釈することを通じて選択するという意味においてのみ彼らの選択であるといわれるような行為が，〔普通の意味で〕選択された，はるかに深い意味

で彼ら自身のものである行為となる．自律であったものが「批判的自律」となるのである．

ラズが同様の指摘をしている．

> 有意義な自律とは程度の問題である．人格は多かれ少なかれ自律的である．（有意義に）自律的な人格とは，生を形作ることができ，その進路を決定することができる人びとである．そうした人びとは，単に関連情報を評価した後で選択肢の中から選択することができる合理的主体であるだけではなく，加えて，個人的なプロジェクトを採択し，さまざまな関係を築き，大義へのコミットメントを受けいれること——そうしたことを通じて人格的統一性（personal integrity）・尊厳の感覚・自己肯定感は堅固なものとなる——のできる行為主体でもある．要するに，有意義に自律的な行為主体とは，自分自身の道徳的世界を部分的に創造する者である（Raz, 1986, p. 154）．

ドゥオーキンはこのことをより専門的な表現で述べている．

> 自律は，一階の選好，欲望，希望などを批判的に反省する人格の二階の能力，また，より高次の選好や価値に照らしてそれらを変更することを受容ないし試みる能力と考えられる．そうした能力の行使によって，人格は自らの性質を定義し，自らの生に意味を与え，一貫性をもたせ，自らの人格のあり方に対して責任をとるのである（Dworkin, 1988, p. 20）．

一階の選好と二階の選好の区別は，反省の過程にもとづく行為と，無批判に実行された行為の区別を強調する限りで有用である．しかしながら，この区別を自律それ自体の概念定義に結びつけてしまうと，自らの社会的環境の規制を批判的に反省し，変えようと試みる立場にいる人びとと，そういう立

場にない人びとの間の同様に重要な相違が不明瞭になってしまう．抑圧された人びとは時に，単に肉体と魂の統一を維持するということのためだけに，ドゥオーキンが示した二階の型に相当する高水準の批判的思量を——所与の社会的諸制度の文脈で——行使しなければならない．そうした人びとが時に強いられる苦渋の選択は，私たち皆がほとんど批判的反省なしに行っている，ありふれた日常の行為と何ら変わるものではないと示唆することは，公平とはいえない．同時に，そうした人々が「自らの人格のあり方に責任をもつ」立場にあるという理由だけで，そうした人びとが高水準の自律を有していると主張することは馬鹿げているであろう．

このことから，本書では次の二つを区別したい．それは，比較的高水準の批判的反省と両立するような行為主体性の自由としての自律と，あらゆる段階の政治過程における民主的参加に伴うところのより高度な批判的自律である．批判的自律が現実的可能性をもつためには，諸個人は行為主体性の自由と政治的自由の両方を表現する機会をもたなければならない（cf. Doyal, 1990, pp. 1–13）．両方の型の機会がなければ，理解力や認知的・感情的な能力の水準が相当高いとしても，諸個人はやはり客観的な障害を負わされるであろう．さしあたり，私たちは，行為主体性の自由としての自律に引き続き焦点を当てることにする．それは，私たちがあらゆる生活形態——それがいかに権威主義的であっても——に参加するための必要前提条件に関心をもっているからである．批判的自律の創出が有する実践的・道徳的・政治的な含意の探究は，7章と11章で行う〔11章は訳出されない〕．

4.4　必要充足の比較における諸問題

これまで本書では，人間が人格を引き受けることができる前に，特定の条件が満たされていなければならないことを示してきた．論理的にいうならば，人間は，文化的な生活形態に参加することができなければならない．実際面

第4章 身体的健康と自律：諸個人の基本的必要

では，このことは次のことを意味する．すなわち，人間は何らかの方法で価値づけられ強化された方法で，仲間の行為者と長期にわたって交流するための身体的・知的・情緒的な能力をもっていなければならない．健康ないし自律の喪失はこの意味での障害と，人生の善なる事物——その定義はどうであれ——を創り出し共有する能力の欠如を伴う．これらの基本的必要は誰にとっても同一であるのだから，最初にとりあげた自民族中心性の問題を回避する道を私たちは見いだしたように思われる．それは，必要を欲求から区別する規準であり，どのような社会であれ，その社会が達成した社会進歩の程度を測るためにこの規準を用いることができるだろう．

しかしながら，残念なことにまだ二つの問題が残っている．第一に，「基本的」とは何を意味するのか．最も強硬な相対主義者でさえ，生存維持のために必要な量の水，酸素，カロリー摂取の普遍性に疑義をはさまないだろうと思われることから，このうえなく最低水準の必要充足を同定することにさしたる問題はない．子ども期における何らかの学習上・感情上の支援がなければ，すべての個人は仲間の活動に加わることができなくなるだろうことについても，相対主義者は異論を——願わくは——唱えないだろう．だが，基本的必要の充足について，最低水準よりもどれくらい多ければ適切水準となるのかをひとたび問うならば，その合意は水の泡と化してしまう．第二に，人びとは異なる文化にあって，大いに異なる方法で必要を充足しようとする．私たちが提示する基本的必要を満たし得る物（objects）・活動・関係性を「充足手段（satisfiers）」と定義しよう（Lederer, 1980, p. 53; cf. Kamenetsky, 1981, p. 103）．こうすると，必要充足は常に所与の文化的文脈のうちで行われるのだから，必要を文化横断的に同定するというのは絵に描いた餅ではないのか，という疑問が浮かぶ．

まず，第二の点について探求しよう．諸個人が必要充足に対する多様なアプローチを展開してきたというのは，その通りであって幸運なことでもある．食べ物は最も明らかな例の一つである．多くの場合，原材料はしばしば大変似通っているのに，世界中の料理の伝統が実に多様であることは，本当に驚

くに値する．そうした伝統を試せたり，その中から選択できたりすることは——多くの大都市で金があれば可能であるように——ほとんど比較を絶するような特権である．同様のことは，人間の歴史のなかで多様に発展してきた衣服，建築，工芸といった基本的必要の他の充足手段の分野についてもいえる．たとえば最低限の水やタンパク質を私たち皆が必要としているという事実は，ある文化的伝統が他とくらべて優れている，あるいは，進んでいるかどうかという問題とは明らかに無関係である．たとえば，中国とインド，どちらの食べ物が優れているかを問うことに，どんな意味があるだろうか．中国人やインド人にはそれぞれの選好があるし，おそらく読者にも読者なりの選好があることは疑いがない．だが，すでに見てきたように，選好は主観的で文化に規定されるものである．この意味での文化は重要であるため，かなりの欠乏に苦しむことになっても，特に食に関する文化的タブーを犯さないようにしようとする人びともいるほどなのである（Braybrooke, 1987, pp. 102-4）．

　第二に〔さきほど提起した何が「基本的」であるかという問題について考えると〕，受け入れ可能な必要充足水準として知覚された水準もまた，文化によって規定されるものであるように思われる．数多くの伝統文化のうちにある人びとが，平均余命ないし教育達成について先進工業国の人びとと同じ程度にないからといって，そうした人びとが高度に創造的な方法で自らの生活形態に参加できないことにはならない．そうした人びとが，その過程においてかなりの自律を示しつつ，自分たちの生き方が他の生活形態よりも優れていると信じながら，高度に創造的な方法で自らの生活形態に参加していることを私たちは知っている．まさに「伝統」文化の中には，それについて学べば学ぶほど，その文化の多くの特徴が——たとえば，環境へのより真剣な関心とともに，集団に対する個人の義務の重要性を強調するようなものなど——私たち自身の文化の特徴よりも魅力的に思えてくるものもあるのだ．要するに，相対主義者なら，個人の健康と自律を，それらが表現される文化的文脈を離れて語ることは人類学的意義をほとんどもたない哲学的抽象に甘んじる

第4章　身体的健康と自律：諸個人の基本的必要

ことであると主張するかもしれない，ということである．このように，社会生活に参加するための最下限の前提条件をひとたび超えると，人間の必要は救いがたいまでに相対的であるようにみえるのだ．

　たとえば，自律を文化間で比較する場合の問題を考えよう．個人的成功というものは文化横断的な分析を拒む，ということを示唆する証拠が存在する．私たちの自律概念からすると，仲間の敬意を勝ち取った伝統文化の職人は，自他ともに認める不器用なできそこないの大学教授よりも，はるかに自律的であるといえるかもしれない．後者は前者よりも平均余命が長く教育の修得度も高いという事実にもかかわらず，である．さらに，ある文化において高度の自律の一例のように見られるかもしれないこと——たとえば勇敢さ——が，他の文化においては粗野な愚かさのように見られるかもしれない．個人の自律は，私たちが試みているような方法で社会的進歩を評価する助けとなる測定規準として採用されるためには，特定の文化的環境の構築物としての性質が強すぎると主張されうるのである（Mauss, 1985, pp. 1-25; cf. La Fontaine, 1985, pp. 123-40）．

　一見したところ，これらは強力な議論であって，たしかに，ある文化がそこにおける人間の必要に関する信念を他の文化に押し付けることは，概念的・道徳的な帝国主義とほとんど変わりがない，ということになりそうである．本書の理論の普遍性を妥当なかたちで維持しながら，同時に実際に何が適切な必要充足であるかについての信念が，人びとや文化によって異なるということを認識もするとは，いかにして可能となるのだろうか．思考実験の助けを借りてこの問題に取り組むことにする．

　次のような島を想像してみよう．そこには物質的欠乏も環境汚染もない．土着の文化が価値を置く肉体的・認知的技能が制限なく教育されている．職業選択の機会は豊富である．既存の規範と法律に従う住民すべてに対して情緒的支援が与えられる長い伝統がある．他のすべての条件が同じ——たとえば一般住民の中での貪欲さと権力の集中がなく，遺伝病が蔓延しておらず，自然災害もない——とするならば，そうした豊かさのただ中に必要充足上の

際立った不平等が存在しないだろうことを疑う理由はない．したがって，この限りにおいて，島の住民がどのように健康と自律とを概念化しているとしても，彼らは私たちが提示した健康と自律に関する水準と同様かつ高度の水準にあるはずである．よって，全住民は希望すれば首尾よく自らの文化へ参加することができると予想される．そこで，これは私たちの目に映るまさにその通りのもの——構成員の参加の程度が高い，繁栄しかつ豊かな文化生活形態——であると仮定しよう．

さて，その島の半分にひどい赤痢を伴う伝染病が発生し，その赤痢のために住民が身体的な能力を奪われるものとしよう．もし害を受けた住民が身体的に健康な住民が住む方の半分に移住するとしても，害を受けた住民が害を負っていなかった場合には可能であったであろう程度までは普通の生活様式に参加することができないことは明らかである．また，このことによって，疾病や病気がどのように概念化されていようとも，害を受けた住民が障害を負っていると知覚されることも明らかである．同様に，伝染病が部分的な記憶喪失をも生じさせ，それに罹った人びとがこれまで修得した知的・実用的な技能の多くを忘れてしまうとしよう．ここでもまた，記憶の喪失の説明がどんなものであろうと，人びとがそれまで多様な方法において可能であったようには，もはや参加をすることができないことは明らかである．最後に，身体的病気や記憶喪失の代わりに，伝染病の結果が，うつと，技能を行使する能力に対する自信の喪失であったとしたらどうであろうか．ここでもまた，それがどのように理解されるにせよ，結果として，そのような害を受けなかった人々と比べれば，うつと自信喪失に罹った人びとの参加は損なわれたものとなるであろう．したがって，仮説上，ここにあるのは，土着の世界観とは無関係に，単一の文化の内部で健康および自律の高低を比較できる状況であるように思われる．

同様の比較を文化横断的におこなうことができるだろうか．同様に繁栄した住民が住む島々が周辺にあると仮定しよう．どのように説明されるかはともかくとして，そこでも高水準の社会参加が見出されるとしよう．ある島で

正常と見なされていることが,他の島では忌避されているかもしれないが,そのことによって必ずしも両島の住民の(私たちの言うところの)身体的健康と自律は影響を受けていないものとしよう.そうすると,ここにあるのは仮説上,根本的に異なる文化から発生したが,まったく同一と思われる意味での健康と自律の最低水準よりもはるかに多く——高度に創造的な方法で自らの文化に参加する持続的な身体的・精神的能力——を達成している人びとである.このことは,文化的差異とは無関係に,ある一定の (specific) 充足手段がしかるべき特徴を備え,それが利用可能であったおかげである.(私たちはこの区別を第8章でさらに展開する〔訳出されない〕).要するに,最低水準を超える場合でも,基本的必要の充足を文化内および文化間で比較することは,そう困難でもないように思われるのである.

　仮に赤痢,記憶喪失,うつという症状をもたらす疫病が他の島々に蔓延した場合,(すべての条件が同じとして)能力を奪う効果に何か違いが出てくるだろうと予想する理由はまったくない.個人の有する身体的健康および自律の水準の高低,また,自らの特定の文化への参加能力の違いも容易に同定されるだろう.さらに,身体的健康と自律の水準が高いある島の個人は,その異文化の規則を理解した上でという条件で,他の島でも高水準の参加を行う潜在力を持つであろう.なるほど,健康と自律の水準がより高い場合には,新参の諸個人が土着の住民のあるものよりも一層首尾よく参加できるということはないだろうと考えるべき理由はない.このことに反対する議論が残るとすれば,それは,異文化の活動に上手に参加するに足るほどに規制を学習することは,自ら課した概念的制約ゆえに不可能だったはずだ,という主張であろう.もしこれが正しいのだとしたら,あらゆる人類学がくだらないものにならざるを得ないため,文化が根本的に異なるとはどういうことかを詳細に説明することは不可能となってしまうであろう (Doyal and Harris, 1986, chs. 6-7).しかし,このことはやはり,文化内および文化間で諸個人の基本的必要の充足の水準を比較することが可能であることを意味するはずである.もちろん,ここになんら驚くべきことのあるはずもない.疫学・社

会学・心理学の多様な文献において，私たちが実際目にするのはまさにこの種の比較なのである．

　最後に，もしそうした比較が可能であるならば，文化のいかんを問わず基本的必要の充足の，最低水準ではなく最適水準について語ることは何を意味するのかが原理的には明らかになる．身体的健康の最適水準は，人の遺伝的潜在力に照らして可能な限り高い平均余命と，可能な限り少ない障害を含意する．自律の最適水準は，先に区別した行為主体性の自律と批判的自律とに対応して二通りに特定化が可能である．そのうち低次の方の最適は，人が社会的に有意義な活動に参加することに対する社会的制約の最小化と，自ら選んだ生活形態を成功裡に追求するために必要なだけの認知的理解へのアクセスとの組み合わせを含意している．高次の方の最適はさらに，他文化に関する知識へのアクセスと，自らの文化に評価を下し，もしそれを変えることを選んだ場合にはそのことに向けて闘えるような技能および政治的自由との組み合わせを含意するであろう．

　本章では，健康と自律が基本的必要であること，人間は自らの生活形態への参加が根本的に損なわれるという深刻な危害を回避するためにそれらの必要を充足しなければならないことを論じてきた．先の思考実験について論理矛盾や事実としてありそうもない点がないと仮定するならば，これまで述べてきたような意味での基本的必要の充足の水準を文化内のみならず文化間においても比較することが原理的に可能であることも論証した．そうすることで本書は，その対象とするところの人びとが被っている深刻な危害の程度を評価することに意を用いるあらゆる国家機関や国際機関によって，同じような比較が行われていることの正当性を，端的に強調してきた．

　しかしながら，このように普遍性に焦点を当てることに，憂慮を覚えた読者もいたかもしれない．確かに，私たちは，特定の人びとからなる集団の別個の必要についてほとんど言及してこなかった．人間という種のすべての構成員が共通にもつ必要に集中してきたため，これまでの議論はジェンダー，

第4章　身体的健康と自律：諸個人の基本的必要

人種，階級，年齢，文化の別については言及してこなかった．もちろん，本書は，特定の集団には特定の必要があるという言い方に理があることを否定するものではない．明白な例は，女性，人種的抑圧の対象となっている集団，障害者である．それぞれの集団の構成員は，すでに概説した脅威に加えて，健康と自律への付加的な脅威を共通して被っている．その帰結として，そうした集団には，その脅威に取り組み是正するために，付加的で特殊な充足手段と手続が不可欠であるということになる．しかしながら，このことが事実だからといって，そうした集団の構成員の基本的必要が，他のすべての人びとの基本的必要となにか違ったものになってくるということはない．

実のところ，特定の種類の社会的・経済的な不平等もしくは抑圧の名称である「主義」のほとんどは，問題となっている集団の諸個人の基本的必要と矛盾していることが示される限りにおいてのみ非難されうるのである．これらの理由から，どのような必要の政治にも差異の政治の場があることは明らかであり，そこでは特定の集団がその構成員の基本的必要を満たすために利用可能な特定の充足手段を向上させようと奮闘している（Lovell, 1990, Part 3; cf. Rowbotham, 1979）．特定の集団が必要とするものを最もよく知っているのはその集団であり，それらへのアクセスを向上する闘いに最もコミットしているのもその集団であるだろう．

しかし，忘れてはならないのは，これらの差異を具体化することの危険性である．基本的必要，そして後に見るようにそれらを満たすための必要条件は，すべての抑圧された集団にとって同一である．乏しい必要充足の特定パターンをもつ人びとの経験や障害が，それを共有しない人びとによって理解され正当に評価されることができるのは，まさにそうした概念を通じてである．このことは政治的に三つの重要な機能をもつ．第一に，それは，抑圧された諸集団間の共通の絆——すなわち，抑圧者によって健康と自律が攻撃されていること——を明らかにする．第二に，そうした共通性は，諸集団の異なった経験が実際にはどれほど似通っているかを示し，多大の相互理解と共感への入り口を開き続ける．このことは転じて，第三に，集団間の特定の差

第Ⅱ部　人間の必要の理論

異がどのようなものであっても，すべての人に最適な必要充足をもたらすという共通の目標を有する共同の政治的行為の可能性を開くのである．[12]

---

12) 差異の政治に関する近年のフェミニストによる議論を紹介した優れた文献として次を参照のこと．Lovell, 1990, Part III; cf. Soper, 1990.

第5章　基本的必要充足の社会的前提条件

　私たちの個人的自律の強調は，必要充足に占める社会的なものの役割やその場所を否定するような強い形態の個人主義を引き込んでしまうものだったであろうか．本章で私たちが与える回答は，「否」である．私たちは，他者の積極的行為を通じてのみ，自らの行為能力を習得することができ，またその他者も，他の他者から，そしてその他者も別の他者からそれを学んでいるのである．この事実を無視する行為主体性や自律の捉え方は，いかなるものでも貧弱な抽象となり，人間がなぜある行為や選択を行うのかを理解するには不十分なものとなるであろう．この論点は，共同体が長期にわたって存続し，そしてそのうちで個性が展開できるような環境を確保するために，あらゆる共同体が満たさなければならない社会的前提条件〔とは何かという問題〕に広がっていく．

5.1　個人の自律の社会的側面

　前章では，個人の自律が「批判的」なものとなるためには，行為主体性にかかわる自由と政治的自由という二つの相異なった自由が存在している必要があると論じた．自由主義の伝統を引く多くの論者は，自律と自由の関係についてさらに議論を深めてきた．自由と自律性のいずれの概念も，諸行為に対する行為者自身が選択したのではない制約がない状態のこととみなされるべきであるとされる〔行為に対する制約の欠如，ただし，行為者自身によって選択された制約はあってもよい〕．むき出しの力の行使による自律的選択の阻害などの物理的制約について語っている限りでは，この定義は妥当なように思

える.

　しかし,「制約」はしばしば, ウルフが「自律的人間とは, 彼が自律的である限りにおいて, 他人の意志に従属していない」と述べる (Wolff, 1970, p. 14) ときのような場合には, はるかに広義に解釈される. これが含意するのは, 真に自律的な行為者とは, 他者の選択と抵触しないという条件で, 自らが送りたいと望む生活形態を自分自身で選択しているという点で完全に自己充足的であるということである. 一見, このような自己決定観は妥当なように見える. 行為主体性にかかわる自由と政治的自由は両方とも, 行為者が自分自身で選択することが可能かどうかに, 明らかに依存している. そのような〔二つの〕自由の尊重の意味することが, 自己防衛以外には他者に対して何も行わないということだけであれば, それは顕著に実用的であろう.

　しかしながら, このような個人主義的な自律性の概念は支えきれない. というのは, ドゥオーキンの一階の選好と二階の選好——その両方が権威主義的な社会秩序のもとで創造的に生き延びるということと両立する——に焦点を限定しても, このような個人主義は, 行為者をその行為者のアイデンティティを育んだ社会的環境から切り離してしまうのである. すでに議論したように, 個々人は, 自分に可能なことと不可能なことを学ぶ過程で, 自分自身を発見していく. 個人の行為は, それを他者から習得せねばならず, また他者によって強化されなければならないという意味において社会的である.

　行為者は規則——すなわち集団的に共有され強制される目的や信念の表現——へと社会化される. これらの規則とは, 明白に公的なもの (たとえば, 財の集合同士を交換する方法) から, 本質的に私的と思われるもの (たとえば, 入浴やトイレのエチケット) まで幅広い. これらの規則は, 何が (公式に) 私的, 公的に許容されるのか, もしくはされないのかについての個人的見解, つまり私たちの自己と他者に関する感覚の要素 (parameters) を構成する. したがって, うまく行為するために必要な自律性とは, 諸規則に従う必要性によって弱められるのではなく, むしろその逆なのである. 正確にいえば, まさしく社会的環境の規範的制約こそが, YではなくXを行うという特定

の選択を，真に可能にするのである（Doyal and Harris, 1986, ch. 4; cf. Raz, 1986, chs. 8, 14）．

　このことは，規則自体とそれに対する個人的解釈を区別すると理解しやすくなる．人びとは，一組の適切な規則への関わりによって，自分たち自身をチェスのプレーヤーと認識し，認識される．これらの規則に従うことを約束しない限り，チェスをするという選択はできないのだ．そうであっても，彼らのプレーヤーとしての自律は揺るぎないものである．なぜならば，各人が個人として選択できるプレイの仕方は極めて多様だからだ．プレーヤーとしての資質に対する自己認識，さらにはそもそも競技する能力は，彼らがやりとりする人びとに依存している．もちろん，各人がある特定の規則との関わりである行為を選択する理由，そしてその規則が今あるような形に構築された理由は，チェスの場合に比べると，より広い社会的文脈の中にあって，明らかに一層複雑なものとなる．たとえば，個人的，制度的権力によってたしかにそのような選択は影響を受けるだろうが，それは他の多くの別の目的や戦略とともにということであって，それらは，ゲームの中で次の動きをすることに結びついた目標や戦略に比して，——仮にそれと気づかれる場合でも——より不明確なものである（Giddens, 1984, pp. 14-25; cf. Lukes, 1974, pp. 11-25）．いずれにしても，個々人の行為の理解可能性は諸規則に由来しており，したがって，個々人や規則の両者を支える社会的集合体の存在に由来しているという事実に変わりはない．

　言語規則について述べつつ，ドイヨルとハリスは，同種の連関を強調している．

　　したがって，ある人の行為のレパートリーは，その人の使用言語の語彙のようなものなのである．それは，それらの行為が行われる，その言語が話される社会集団が，集合的に所有するものである．……〔中略〕……それゆえに，他の誰にも関係することなく，完全に自己充足的に——孤独に自分自身のために——行為しているものと自分自身をみなす

のは根本的な誤りである．たまたまその森に生息することになった一本の木の状況とは異なり，社会生活は個々の人間の本質的な特徴である．孤立した種子から育ったとしても，木が木であることには変わりがない．しかし人間性は，社会から個人への贈り物なのである（Doyal and Harris, 1986, p. 80）．

　しかし，このことは，個人の自律を表現する機会には，ただ単に放っておかれるという消極的自由以上の何かが必要となることを意味するはずである．もし，他人から完全に無視されたのだとしたら，私たちは生き方の規則を学ぶことができず，したがってその生き方の中で選択を行う能力を習得することもできないであろう．ロビンソン・クルーソーが孤立した中で，あのような個人的成功を収めるには，彼が後に使用することになった技能を過去に伝授してくれた人びととの長年の社会的接触が必要であったのだ．

　つまり言い換えるならば，自律的で，身体的にも健康であるためには，既に述べたような類の，物質的，教育的，感情的必要充足，つまり積極的自由が同時に，必要となるのである（Berlin, 1969）．自律的な個人の行為のための認識的・感情的な能力は一般的社会化に依存するが，その一般的社会化を背景にして，（奴隷ではない）自律的個人は他者の行為を物理的に制約してはならない理由を理解し，それにしたがって行為する感情的能力を保有しなければならない．しかしここでも，人びとはそのような制約に体現された規則に従うことを，積極的な支援によって初めて学ぶことができるのである．さらには，制約を受けずに行動することを望んだとしても，それは他者の積極的な行為によって支えられている生活形態に参加することを含んでいる．たとえば，ある個人が良い講演を行うということには，聴衆が干渉して中断させようとはしないこと以上のことが含まれるのである．聴衆はまた，講演者の議論に対して真剣な考慮を加えられるような身体的，知的，感情的能力を備えている必要があるのだ．さもなければ，講演者はわざわざ講演したりはしまい．

第 5 章　基本的必要充足の社会的前提条件

　このような議論は，前章で議論された，深刻な危害の概念を社会的参加の阻害の概念に結びつけるべき理由を拡張するものである．そのような根本的阻害を回避するための必要充足がなければ，自分たちの生活形態が提供する身体的，知的，感情的可能性の表現における限界領域を，個々人が探求することはできない．このような議論は，マーシャル〔Thomas Humphrey Marshall, 1893-1981〕，トーニー〔Richard Henry Tawney, 1880-1962, イギリスのキリスト教社会主義者〕，ティトマス〔Richard Titmuss, 1907-1973〕，タウンゼントによる，最近のシチズンシップ理論に組み込まれている（Harris, 1987, chs. 3-5）．

　個々人の健康の保護，学習や感情的成熟自体が社会的過程であり，必然的に，社会集団の中で個々人がやりとりすることを含んでいる．これらの集団はしばしば，たとえば家族や学級，友人や同僚などの極めて小さなもので，その構成員は他の集団にも同時に帰属しているであろう．すべての構成員が，日常生活で最も重要な諸相であるとみなすものに関係して，多かれ少なかれ共通の規則に従っている度合いに応じて，彼らは同じ・文・化を共有しているということができる．一部の構成員とその関係者のみが，社会的生活の重要な諸相すべてではなく一部にのみ関係する特定の規則――これが，支配的文化に対立する場合もしない場合もあるが――を持っている場合，彼らは下・位・文・化に属していると見なされる１）．

　ここからの議論は，二つの重要な留保をおいた上で，前者に限定して焦点を当てる．一方では，過度に文化的統合を強調することは，「制度的な次元における他の選択肢の現前，もしくは不在へと注意を向けず」，「人びとの内部の微妙な差異を認めようとしないこと」につながるというアーチャーの議

1）　文化を個別化する〔他のものとは区別される，一つの独立の文化として成立しているとみなす〕上での，規則――特に，言語に関するそれ――の重要性を強調することは，ダグラス（Douglas, 1973）所収の諸論文によって詳細に例解されている．このことは，このような条件によって別個のものとされる複数の文化間における，実践的，物理的連関を過小評価することを意味しない．Doyal and Harris, 1983, pp. 59-78; Cf. Harris, 1979, chs. 2-4 を参照．

論に同意する（Archer, 1988, p. 19）．しかし他方で，そのような規範的な多様性の存在にもかかわらず，諸個人からなる大きな集団が基本的必要の充足を求める際の実際的手段を概念的に組織化し，またどの必需品が構成員の多数派から正常で許容できるものとみなされるのかについて規定する，特定の規則のネットワークは同定可能だということも明らかなように思われる．それが個人の行為の詳細を規定する独立変数とはみなされないという条件をつけた上で，「文化」は，規範的な合意の存在を指し示し，それが存在する限りにおいて，そうした合意が別のそれとは区別される形で成立していることを示すのに最も有用な表現であることに変わりはない．

5.2 四つの社会的前提条件

個人の場合と同じように，共同体が長期にわたって存続し繁栄すべきだとすれば，それが満たすべき不可欠の社会的前提条件がある．それらは集団の規範的構造——すなわち個人がその中で日常生活を秩序づける諸規則，そして個人同士が相互扶助を供給し続けるべきだとすれば集合的に達成されるべき目標を体現する諸規則——に関わるものである．すべての文化に共通するこのような目標は四つある（cf. Williams, 1965, chs. 2-3; 1979, ch. II. 3）．第一に，すべての社会は，文化的に重要な財やサービスと並行して，最低限の生存と健康を保障するために充分な充足手段を生産しなければならない．第二に，適切な水準の生物学的再生産と児童の社会化を社会は保障しなければならない．第三に，生産や再生産が行われるのに必要な技術や価値観が，人口のうち十分な割合の人びとの間で相互に伝達されていくよう保障しなければならない．第四には，これらの技術がうまく行使されるために，規則を担保する何らかの権力機構が設置されなければならない．

社会的前提条件の達成に向けられた個人の行為——たとえ行為者自身はこのようにとらえていないとしても——は人間行為の構造の「二重性」とギデ

ンズが呼ぶものの実例である（Giddens, 1984, pp. 24-8, ch. 6; cf. Cohen, 1989, ch. 1）．個人の行為能力なしに社会構造は存在しえないし，社会構造なしに個人の行為能力もありえない．ギデンズは，「私のいう『構造の二重性』とは，社会生活の本質的に再帰的な性格のことを指している．つまり，ある社会システムの有する構造的属性とは，そのシステムを構成する実践の手段でもあり結果でもあるということだ（Giddens, 1982, pp. 36-7; cf. Archer, 1988, pp. 87-94）と述べている．このことゆえに，個人の健康と自律は常に制度的な文脈の中で達成されなければならず，また長期的に社会制度が存続できるかどうかはそのことの成否にかかっているのである．同様の理由から，ブレイブルックもまた，私たちの四つの社会的前提条件と実際には同義の，社会的役割についての四つのカテゴリーを主張している（Braybrooke, 1987, pp. 48-50; Doyal and Gough, 1984, pp. 18-21）．それではそれぞれを一つずつ検討してみよう．

生　産

　すべての文化において，健康が「標準（normal）」（と定義される）水準で集合的に達成されるために必要な食糧，住居，その他の必需品をどうにかして確保することは不可欠である．このような物質的生産の必要は，各社会の経済的基盤を構成し，そして構成員が，自己を維持していくために解決すべき広範囲な具体的問題を提起する．もちろん，その具体的編成の細部は，文化間で多様である．特に物理的環境が大きく異なる社会間では，その違いは大きい．遊牧社会，狩猟社会，農業社会，そして工業社会が物質的課題に取り組む仕方はすべて異なる．それでも，文化的相違にもかかわらずすべての社会は自然を言いつけ通りにさせようとする上で同様の問題を共有しているし，文化の相違にかかわらずそれについては合意できるような障害に直面している．

　ドイヨルとハリスは，このような中核的活動が，社会生活一般を「構成」するものであり，異文化と自文化の間にある類似性を理解する能力の核心に

あると論じる (Doyal and Harris, 1986, ch. 7; cf. Archer, 1988, ch. 5). たとえば人類学者は，異文化における少なくともいくつかの活動が，自分の属する文化のそれと同一であると確信できないならば，異言語を翻訳することができず，したがってその文化における規則と規範に関する集合的意識へと参入することはできない．参入するというのは，そのような活動に自覚的に参加できているということを通じてなされ，それに続いて異言語は習得されるのである．このことは，人類学者が人間であって友好的であることを異邦人に確信させ，文化人類学者の言語を異邦人の言語へと繋留するために必要な翻訳の橋頭堡を確立するためにも不可欠なものだろう．

構成的活動に，特定の文化と結びついた言説様式内部での意味に依存しないような基本的な理解可能性があるのでない限り，どちらの企図も達成不可能である．このことは，文化の違いを問わない，生産活動の多様な側面の実践的な一定性の例である．このような一定性は，実在とは文化的規範の反映に過ぎないと主張するような型の相対主義を無効にするだけではない．構成的活動の成功や失敗の背景にある理由は，文化の相違による影響から等しく免れているような実践的な理由の一定的なパターンを示すものでもある．たとえば，不適切なパターンに配列された支柱に屋根をかけても，屋根は落ちてしまうだろう．その理由はどの文化にとっても同一である．さらに，人類学者が，水——異邦人がそれをどう呼んでいようとも——の実際的意義を理解せずに作物を育てようとしたり，どう育てられているのかを理解しようとしたりするならば彼は愚か者のように見えることだろう．

したがって，構成的活動には，どのような形で社会的に組織化されていたとしとしても，すべての文化に共通する物質的生産の側面が含まれている．マルクスとデュルケム以来，すべての生産活動は本質的に社会的であるということが認められてきた．人間は，生理的，精神的，遺伝学的にも，孤立して——繁栄どころか——生存できるようにはできていないのである．たとえば，バリントン・ムーアは，効率のよい生産活動には，分業の形態をとった集団的相互行為が必要であると論じる．

> すべての知られた人間社会には分業がある．……〔中略〕……非常に単純な経済と豊富な資源を持つ無文字社会においてさえも，すべての仕事が常に等しく魅力があるわけではない．もちろん，より複雑な経済のもとでは，その違いはさらに顕著である．したがって，権力機構の場合と同様に分業においても，永続的な試験と見直し交渉にかけられている暗黙の社会契約に，私たちは再び目を向けることになる．……〔中略〕……（そしてその暗黙の社会契約が）……〔中略〕……時と場合によってその強度には大きな違いがあるが，事柄そのものに付きまとう性質の，回避不可能な葛藤の制御のために機能する．この葛藤とは，(1) 個々の労働者や世帯からの，食糧や衣服，住居，そして生活の中の娯楽や楽しみの分け前に対する需要や要求，(2) 社会全体の必要，(3) 社会内で支配的な個人や集団による需要や要求，の間で起こるものである (Barrington Moore, 1979, pp. 31-2).

要するに，基本的必要の充足という集合的目的が充分に維持されるには，この目的に適合した社会的生産関係が必要なのである．

しかしながら，財を生産するために人間が自然と相互に働きかける過程よりも，物質的生産の領域は広い．マルクスが議論したように，それは交換，分配と消費が関連し合った過程，つまり種をまくところから食事をするところまでの一連の活動を，すべて包含する (Marx, 1973, pp. 88-100). あらゆる生産形態が社会的であり，そのためになんらかの分業が必要であることが一たび認識されるならば，適切な交換システムの必要性も明白となる．もし人間が，自分自身と自分が責任を担うことを引き受けた人びとの必要とするものを生産することができないならば，それを取得する他のなんらかの手段を持たなければならない．

これは，自分が生産した財やサービスを，それを必要とする人と交換することを可能にするような一組の規則を意味する．この交換のシステムに当た

るものが何であろうと——闇取引であろうと，互酬的交換であろうと，各種の市場であろうと——部分的にはそれがある集団や個人に財やサービスを特定の方法で配分する分配システムを構成するだろう．とはいえ，分配システムもまた，個人の権原間を調整する規則，すなわち誰が何を受け取るべきかという決定を規定しなければならない．このことは，物質的生産に対する特定の個人や家族の重要性についての事実的信念や，どのような水準の不平等が許容可能かという，正義に関する道徳的信念に関連しているだろう．したがって，交換と分配の機構は，文化によって大きく異なっている (Sahlins, 1974, ch. 5)．いずれにしても重要な点は，どのような文化でも，その規範的詳細がどうであれ，集団の生存に最低限必要な生産活動の水準を保証する機構を持っているはずだということなのである．もちろん実際には，大部分の文化はこれよりかなりましな状態にあるのだが．

再生産

生活形態が永続するためには，その生産様式が，充分な生物学的再生産と社会化——「排卵から始まり，子供が必需品の確保や生存を他人に依存しなくなるまで」の一連の過程——のための物質的基盤をも供給する必要がある (O'Brien, 1981, p. 16)．ここには二つの別個の要素が含まれている．一つは出産であり，もう一つは乳幼児期のケアおよび社会化である．これ以降，「再生産」という用語を使用する際は，これ二種の活動のみを意味するものとする．

前者の出産を本質的に社会的なものと捉えることは奇異にみえるかもしれない．しかし，アイゼンシュタインが論じるように，カップルになることや出産は，常に特定の規則を背景にして生じるものである．

> 女性が従事するいかなる過程も，彼女に体現されているところの，そして社会のイデオロギーに反映されているところの社会的諸関係から切り離して理解することはできない．たとえば，子どもを産むという行為は，

それが家族や婚姻関係の反映である場合に限って,母性の行為となる.そうでない場合は,まったく同じ行為が不貞と見なされ,その子どもは「非嫡出子」,もしくは「私生児」とみなされうる.「母親」という用語は,それにまつわる関係が違っている場合,たとえば「未婚の母」というように,相当に違った意味をもつこともある.それは,その行為にどんな諸関係が体現されているのかに依存しているのだ(Eisenstein, 1979, p. 47).

つまり,出産に関する規則の文化ごとの細則,たとえば,お産や親戚関係についてのそれがどのようなものであれ,それは出産や産後ケアという構成的活動の安全な実行を,母子の双方にとって,可能にするようなものでなければならない(Moore, 1988, ch. 3).やはり,文化形態には普遍的な中核部分があるのだ.

同様に,文化の存続は,出産前後の基本的な健康の必要を最低限充足できるかどうかに依存しているであろう.文化がただ存続する以上のことを行うには,より高水準の充足を達成できることが不可欠になろう.今日では多くの論者が,生殖の成功と社会的成功とは緊密な関係にあるという初期の認識は,家父長制と私有財産制の両方の発展の一助になったと主張している.男性は,女性をその意思に反して組み伏せ,性的暴行を加えることが身体的に可能であった.とくに妊娠中で女性の依存性と脆弱性が高まっているときには,これらの事実は,それに伴う男性の結束とも相まって,男性が女性の身体を独占的に支配することを通じて再生産の循環を支配することを可能にした.これが一般化するにつれ,女性を社会的利益と交換される商品のように見なす認識も一般的になった.そしてこれが,(事態を逆に捉えていたエンゲルス〔Friedrich Engels, 1820-1895. 1884年に『家族・私有財産・国家の起源』を著す〕に反して)私有財産制度が発達する心理的,規範的土台を準備したのだ(Lerner, 1986, ch. 2; cf. Meillassoux, 1972, pp. 93-105).

このような思弁的人類学について,女性の社会的重要性は生物学的再生産

における役割であるというのはどの程度までいえるかという点について誇張があるとして，現代のフェミニストの一部は批判してきた．これらの再生産へ〔従事すること〕の要請にかかわらず，女性が生産活動のほとんどの側面においても積極的な役割，時には中心的役割を担い続けてきたのは明らかである．生産過程と再生産過程を分離し，女性を再生産を担う存在として規定することは，生産領域における女性の労働の重要性を軽視，もしくは否定することにつながる．このことがまた，物質的生産の循環を男性が支配することが自然であるというような性差別主義者のステレオタイプの強化につながり，女性がいなければ，生産活動と再生産活動の循環のいずれもが軋り音を立てて停止するだろうという事実を隠蔽する（Jaggar, 1983, ch. 6）．とはいえ，このような批判が妥当だからといって，出産に関連する活動を，第一の意味での生産に関連する活動から区別できるという事実がうち消されるものではない．女性は，生殖とは別の生産についての役割だけでなく生殖についての役割をも担っているがゆえに二重の負担に直面しているのだという伝統的人類学の知恵に対するいかなる批判も，なおその二つを区別することが適切であると暗黙のうちに承認しているのである．

　どの社会においても，再生産のもう一つの次元は，乳幼児期のケア，そして，現在および将来の彼らの福祉にとって基礎となる基本的諸規則を正しく理解しそれらに従うことへと彼らを社会化するということ，である．これらの規則もまた，構成的活動，もしくは文化特有の活動のいずれかにかかわる．前者は，すべての文化に共通しており，基本的必要の充足に直結している（たとえば，ある種の活動が身体にとって危険であり，潜在的に苦痛を招くものであると学習すること）．後者は，文化ごとに多様であり，基本的必要に直結しないもの（その文化のよりエキゾチックな習俗のいくつかを学ぶこと）もするもの（その文化の言語を学ぶこと）もある．生殖という生物学的次元の場合と同じように，いずれの型の企図の達成も，それがおこなわれる社会環境によって形成されるだろう．

若者が何をどのように教えられるかは，望まれる大人の型に依存する．若者は，何を食料として認識し，どのようなトイレ習慣を適切なものとして受けいれるべきなのか．何を正統性のある権威と認識すべきなのか．どのような技能と関心を身につけるべきなのか．こうしたことはすべて，支配的な社会的価値観によって規定される．現代社会においては，それには，労働者階級もしくは民族的マイノリティの両親を持つ子どもにとって適切な位置，そしてもちろん女性にとって適切な位置についての，価値観も含まれている（Jagger, 1983, p. 152）．

歴史的には，早期の幼児の社会化が行われる社会的文脈とは，常に何らかの形態の家族構造であった．もっともその親族関係のパターンには広範な多様性があるのだが．長い間，人類学の中心テーマは，そのようなパターンの社会的性格や複雑性を記述したり，説明したりすることであった（Naroll, 1983, ch. 10）．同時に，多くのフェミニストの著述家は，家族の社会組織を，家父長的抑圧の形態と結びつけてきた．いずれにしろ，ここでの議論の目的のためには，前述したような再生産の生物学的次元と社会的次元の対称性の欠如に，まずは注目しなければならない．多くの研究は，幼児の初期の社会化においては生物学的な血縁者であることが必ずしも有効に働かないことを示唆している．この指摘は，さらに言えば，生物学的な母性の役割を実体視しようとするいかなる試みをも無効にするものである（Moore, 1988, pp. 21-30）．だが，家族の形態がいかに多様であろうと，そしてそのうちの多くの形態が女性にとっていかに抑圧的なものであろうとも，その文化が存続することができるかどうかは，依然として初期の社会化過程が成功するかどうかに依存しているであろう．

文化的伝達

生産と再生産の社会的前提条件には，ある種の財やサービスの生産や消費が可能になるように，物理的環境を操作することも含まれる．こういったこ

とは，当該の社会集団の構成員が十分な文化的理解力を持たないのであればまるで不可能であろう——すなわち，過去にこれらの具体的目標を達成する上で効果的だったと判明した信念についての知識なしには．行為者はそのような知識を生まれながらにしてもっているわけではないし，またその行為者が所属する社会集団の生産・分配についての特定のアプローチを受けいれる傾向が必ずあるわけでもないということはこれまで見てきた通りである．幼児期を過ぎて概念的複雑性が発達してきても，双方〔知識とアプローチ〕に関して，他者から，正規・非正規の教育という文脈において，学び続けなければならない．これはやはり，当該の生活形態についての支配的文化の価値を規定する規範，法律，伝統や習慣の既存の体系を基礎とするものだろう．——これらの規則は，それによって，一つの生活形態が，他のものと区別されるようなものである．

　社会構造と文化は，これらの規則がそれらを「同一」と見なす仕方で解釈する個々人の集団によって例示されることを通じて再生産される．このような例示の過程は，すべての持続的な文化に共通するもう一つの普遍的特徴である．私たちはこの特徴のことを「文化的伝達」と呼ぶことにする．この過程が通時的にくり返されるためには，支配的な規範的パターンに適合し，それを強化するようなコミュニケーションのパターンが確立されねばならない．ウィリアムズが論じるように，「経験の問題として，コミュニケーションを重要視することは，人間が権力関係，所有関係そして生産関係の内部に閉ざされた存在ではないと確言することである．記述し，学習し，説得し，経験を交換することにおける関係性は，同じくらい基本的なものとみられる．」(Williams, 1973, p. 18) そのようなコミュニケーションの社会組織は，独自の規範的な構造を必要とするであろう．教育機構は，その最も分かりやすい一例である．だが，制度的な細部はどうであれ，教育の一つの結果として成される社会化は，自他共に参加を期待し，される，分業の内部における生産および生殖上の特定の役割へと個人を準備させるものでなければならない．このことが達成されるためには，二つの型の理解が伝達される必要がある．

一つ目の型は技術に関わるものである．それぞれの文化は，先人が，彼らにとって最も重要な生産・再生産上の課題にいかにして立ち向かえるようになったかということについての，集団的記憶を保持しているであろう．これは最低限，ハーバマスに倣って「技術的」そして「実践的」理解と名づけてよいようなものを含んでいるであろう．前者は，自然過程を首尾よく予測し操作する技術に関連し，後者は他者との円滑なコミュニケーションに関連するものである（Habermas, 1971, pp. 301-17; cf. ch. 7）．両種の十分な理解が，充分多くの人に伝達されて，新しい需要に適用されない限り，文化の物質的基盤と個人の基本的必要充足の物質的基盤は劣悪なものとなるであろう．

二つ目に，各社会は，取得・交換・分配を正当化する規則を必要とするであろう．すなわち，別種の異なった量の労働を，人びとが労働の対価として受け取るものへと関連づけるような正当化を行う規則である（Giddens, 1984, pp. 28-34）．各人が物質的必要の充足に向けた計画を立てるためには，しかるべき規則に適合するという条件で，自己の労働の対価として財やサービスが割り当てられるだろうということを理解し，合意していなければならない．ある社会において持続的な紛争が存在していないということは，その社会の特定のヒエラルキー的性格と構成員の必要充足の特定の水準の如何によらず，その社会の分配システムの諸側面が〔その社会の構成員によって〕内面化されていることを示唆する．必要充足が貧弱な水準でしか行われていないいくつかの伝統的文化の安定性，また，資本主義社会の内部において多くの人びとに確信されている，生産・消費・交換・分配の機構にとって，市場は自然で公正なメカニズムであるという信念体系のことを考えてみよ．特に深刻な貧困と失業の時代には，このような諸原則の受容がなかったとすれば資本主義の存続は脅かされていただろうということを見て取るのにマルクス主義者である必要はない（Williams, 1979, pp. 31-49）．

権　威

最後に，私たちのいう意味での文化を協同して形作っている規則群が単に

存在しているということだけで,その規則の存続または履行までもが保証されるものではないことは明らかである.個人は,単に社会的結合を脅かさないような仕方で規則を解釈するというのとは対照的に,規則を破ることができる.このことは,該当の各構成員に機会と問題の両方を提示する.一方で,それは社会変化の可能性を作り出す.すなわち,もし十分な人数の個人が,同一の方法で規則を破ること,もしくは同じことであるが,別の形の文化の支えになるような新しい規則群に従うことを決定するならば,そのような可能性が作り出されるのだ.このような可能性がないところでは,たとえ大部分の構成員にとって不健康で搾取的で威圧的な生活形態を目の当たりにしている場合でさえ,社会変革はそれを唱道することが説明不可能な,無意味なものということになるであろう(Gouldner, 1971, pp. 218-25; cf. Giddens, 1979, ch. 1).他方で,社会変化の見通しは,潜在的な困難を作り出す.というのは,すでに議論したように,持続的で改善された健康や自律に向かう個人の潜在性は,その性格上,完全に社会的なものである.それは,ある分業の仕方が生産上の成功となるために要される社会的役割を制度的に規定する規則群に対して集団的承認があることにかかっているのだ.もし一度にあまりに多くの人が規則を破ることに決めたのなら,長期的には革命的な変化によってどのような利益がもたらされうるにしても,各人の短期的な必要充足は脅かされることになるだろう.

したがって,乱用される可能性や最終的には集団的拒否を招く可能性があるにしても,制裁力に裏打ちされた,何らかの政治的権威のシステムが必要となる.必要充足にかかわる文化的規則の教示・習得・正確な遵守を確実なものとするようなシステムである.当該の社会の規模,複雑性や社会分化の程度によって,そのような権威の厳密な性格は著しく異なったものとなるだろう.しかしながら,その権威がいかに集権的もしくは分権的であろうとも,問題の社会が存続すべきものならば,その権威はそれ独自の仕方で実効的でなければならないのである(Giddens, 1979, p. 108; cf. Barrington Moore, 1978, pp. 15-31).実のところ,工業国の「有機的連帯」へと向かう伝統社会

第5章 基本的必要充足の社会的前提条件

というデュルケムのヴィジョンから遠ざかれば遠ざかるほど，このことは重要となる．ヘーゲルは，成功例とみなされ得るような「市民社会」ないし資本主義市場経済が，なんらかの中央権力を必要とすることを最初に認識した人びとの一人であった（Avineri, 1972, chs. 7-9; cf. Taylor, 1975, chs. 14-16）．

要するに，「国家」，すなわち，それが有する規範的構造と権力とを通じて，集団の生存と成功を全体として下支えする規則が教えられ，強制されることを確実にするような「国家」が要求されるのである．この意味での政治的権威の物質的顕現は，常に何らかの統治形態であり，正義の体系と法執行のための機構である．やはりここでも，最も基本的な規則が広範に一貫して侵害されている場合に，その社会とその構成員は，滅びるか，それとも基本的個人の必要が充足される機会により恵まれた別のシステムに組み入れられるかのいずれかであろうことを認識するためには，特定の社会の法体系を承認していなければならないということはない．

かくして，一般的に，生産，再生産，文化的伝達，政治的権威というこの四つの社会的前提条件は，最低限の成功を収めうる社会生活の様式ならばいずれも，成し遂げることができるようでなければならないような構造的活動を示すものである．またこの前提条件は，その達成が，経時的に計画され，維持されるべき具体的な目標を示すものでもある．原理的に個人的必要がどれほど充足されうるかということは，実際上は，そのような〔目標をどれだけ達成できるかという〕成功の程度にかかっているだろう．同じく，逆に，ある社会生活の形態がうまくいっているかどうかも，その社会の構成員の健康と自律に基づくことであろう．もちろん，自分自身に何を期待されており，どのようにそれを行うことができ，また行わないとすればどのような問題が生じるかについて，おおむね同一の中心的価値観を構成員が共有していることがその前提とされる．この中心的価値観がより多くの必要充足を保障するためにはどのようなものでなければならないのかということは，今のところ未決の問いである．一見するところ，これまで最低限の必要充足以上のもの

113

をもたらす能力を示し，今なお示している価値システムとして，競合する多数のものが見受けられる．どのような種類の規則が最適水準をもたしそうかについては次章で検討することにする．

個人の必要充足と社会的前提条件がこのように相互依存の関係にあることを強調するのだから，功利主義的な著述家や政治家がしばしば開陳するような類の抽象的個人主義を私たちが採っているわけではないことは明確であろう．人間の福祉には，単にどのような行為が最大量の幸福へとつながりそうかという個人的計算以上のものが多分に含まれているのだ．また同時に，各行為者を，その行為者を取り囲む社会環境の構造的属性の単なる反映であると想定する型の社会学的機能主義も，私たちが受けいれていないことは明らかなはずである．こうした説が正しいのだとしたら，当該個人が試行の意味を決して見出せないことになるため，やはり社会変革を説明することは不可能となったことだろう．

本書で支持するだろう生活形態を評価する唯一の基準は，個人の基本的必要をどれだけ充足できるかということである．しかしこのことは，個人の必要は，その充足についてどれだけ特定の社会環境に依存していたとしても，いかなる特定の社会環境からも独立した仕方で概念化されることを意味するはずである．さもないと，関連する必要充足の水準に関する規範的構造の評価は，いかなるものでも循環してしまう．次に私たちが取り上げるのは，そのような評価の道徳的実行可能性である．

第6章　人間解放と必要充足への権利

　これまで私たちは健康と自律とが文化を問わずすべての人間に共通した基本的必要であると論じてきた．さらにその必要を充足するための明細的な社会的条件が存在することを示した．しかし，人びとの必要は満たされる<u>べき</u>かという道徳的問題についてはまだ取扱ってはいない．深刻な困窮状態にある人を助ける責務が自分たちにあるのだということを，すべての人が受け入れるわけではない．その〔責務を根拠づける〕ような道徳理論なしには改宗済みの者にのみ通じる話にしかならないのである．これは決して的はずれな課題ではない．近年における相対主義の猛攻，および，どちらかといえば粗雑な形態の個人主義——「この瞬間の自分さえよければよい」倫理（the 'me-now' ethic）——の信奉者からの圧倒的な攻勢に鑑みると，基本的必要を満たすことの道徳性を信奉するものは，自己の信念のために可能な限り多くの合理的支持を必要とするのである．しかしその主張は，他者の説得を勝ち得るためにより広い道徳的文脈のうちに位置づけられる必要がある．そうしたことなしに，他者が必要に関する「である」から必要に関して何事かを為す責任の「べし」に移行すると期待することはできまい．

　プラントとレッサーはこの問題に対する一般的な答えの輪郭を与えているが，その答えは次のような事実に注意を促すものである．すなわち，

> いかなるものであろうと，特定の目的〔の追求〕を命じたり特定の義務が為されることを求めたりする道徳的見解を発達させた人は，論理的にある基本的必要の構想を受け入れていることになるのである．（いかなるものであれ）目的および（どんなに違いがあっても）義務というものは自律的に行為する人間によってのみ追求され，遂行されるものである．

したがって，いかなる道徳的見解も，首尾一貫したものとなるためには，人間生活の維持と自律の発展とを基本的責務として承認しなければならない（Plant *et al.*, 1980, p. 93）．

この重要な洞察についてさらなる探求が必要である．
　特に，二人の議論は基本的必要に最低限に応じる責務にのみ当てはまるものなのか，それともより高次でかつ最適水準の必要充足にまで拡張できるものなのか〔という問題がある〕．二人（Plant *et al.* 1980, p. 94）の主張では，「どの水準の充足の話なのかは規範的論議によって決められるべき問題であるが，このことで構想全体が無効になるわけではない」という．しかし，個人が単なる最低限以上の必要充足への権利をもつということが示されない限り，無効という帰結になるように思われる．しかしもし私たちが最低限を超える水準の必要充足への責務を課せられているとしても，あらゆる人——よそ者や敵までも——が平等な充足水準への権原を有するのだろうか．もしそうであるならば，資源の希少性やそれを再配分する上での経済システムの能力の限界という状況の中で，これはどのように達成されるべきなのか．慈善を施す道徳的責務があるとしても，それは身の回り（home）を手始めとするべきではないだろうか．必要を満たすということの道徳性，そしてその程度はどこまでか，ということが本章の主題である．

6.1　義務，権利，道徳的相互性

　単に生命を持った肉体や動物ではなく一個の人格であるということには，意思を疎通し目標と信念とを形作る能力や意識以上のものが必要である．その個人はまた責任の担い手でなければならないのである．ルソー〔Jean-Jacques Rousseau, 1712-1778〕やデュルケム〔Émile Durkheim, 1858-1917〕のような著述家が鮮やかに論じたように，社会生活の存立というものはまさ

しく他者に対する義務の認識——すなわち,他者との相互交渉においてするべきこととするべきではないことがある,という認識に依存している.それらの明細的な内容が何であれ,特定の文化の基本構造は,その構成員が他者の側にある責任ばかりでなく自分の側が他者に対して負う責任を受けいれるという想定がなかったとしたら,理解不可能であろう.

　道徳的責任が必要というのは社会生活〔の存立〕にとって,というばかりではない.同じことは,その内部において私たち自身が個人として上首尾な参加を果たすということについてもいえるのである.自分の意思を他人に押しつける権力をたまたま持ち合わせたりするのでもない限り,社会的に成功できるかどうかは自分の道徳的責任がどんなものかを理解する力,そしてそれに従って行為しようという気持ちをもっているかどうかにかかってくる.まさしく,そのような道徳的良心が私たち自身のうちに存在しているということが,個人としての実存の中心的ディレンマ——自分が置かれた状況の中で何をするのが正しいことなのか,というディレンマ——の基底にあるのである.道徳的責任から導かれる義務というものは,社会生活の中の私たちにとっては物理的環境と同じぐらいに実在的である.たとえば,誰かがある特定の義務に従って行為しているという趣旨の言明には,自然界についての記述的言明と同じような意味でそれが真となるような経験的な条件が存在する (Platts, 1979, p. 243; cf. Arrington, 1989, ch. 4).

　義務の実在性ということがいえるのなら,権利の実在性もいえそうである.——〔この権利とは〕個人からなる一つの集団にあると自他によって思われる責務を遂行するために必要とされるものに対して,その集団が有する権原である.しかしながら,権利と義務との論理的関係性は極めて複雑である.[1]

---

1) 何かをする義務を有する個人がその権利をも有するとは限らない(例,契約殺人).さらに,その相手が特定されていない義務(例,戦争捕虜であるときに脱走を試みること)が個人にあるときには,権利が帰結しない.そして最後に,相手が特定されている義務の場合でさえ,それは道徳的に拘束的——ミルの言う意味における厳格ないし「完全な」義務——でなければならない.もしそれが特定の権原を伴っているのなら,私たちに道徳的により弱い,慈善心を持つことへの義務があり,かつ慈善への権利はない,

このため，随伴の条件を明確に特定するような既存の道徳的信念のネットワークを背景とする場合にのみ，義務は権利を伴うと論じることにしたい．ホワイトが論じるように，「夫婦，親子，雇用者―被雇用者，一組織内のさまざまな地位，などの〔有する〕多様な権利義務は各自から相互的に生じるものではない．そうではなくて，全員が参加する共通のシステムから共同的に生じるのである」(White, 1984, p. 70)．したがって，たとえばその「共通のシステム」があなたの側に真実を告げる義務があると命じるなら，他者の側には真実を告げられる権利があるといい得るのである．そして，そういう権利があるということは同じくあなたにも当てはまる．このような意味で，権利義務は相互的（reciprocal）であって，また真に権原を構成する権利は，何らかの個人や集団が従いうるような義務を伴うのである．そのゆえにまた，この相互性に従って行為することを拒む者（たとえば，犯罪者）は他者が保持している権原を失うことがあるのである．[2] そして，そのような相互性を認識し行使する個人の能力こそが，そもそも社会生活を可能ならしめているものなのだ．

このことを念頭において，必要に応じることの道徳性という問題に対して，二つの段階に分けて取り組んでいくことにする．一つめの段階では最小限の必要充足への権利，二つめの段階では「最適」レベルの必要充足の権利につ

ということもありうる (White, 1984, pp. 60-1).
2) ホワイト (White, 1984, pp. 64-5) は，対応する義務の存在なしに権利があるということもありうると主張する．しかしながら，彼の挙げる例はすべて何らかの相関的な義務の存在を前提している．――その義務は，ゲームで二度目のサイコロを振る権利，他者の行為を批判する権利，もしくは「共有されたフェンス越しに近所を見る」権利といった言明された権利によって明示されてはいない義務なのである．このことが言われたのなら，義務と権利の関係性を純粋に論理的なものと概念化するのは誤解に導くものであるという，彼の見解に同意する．厳格な義務に相関的な権利の存在とは，道徳的信念と自己参与の重大性を示す最も重要な経験的指標なのであるとする方が，はるかによいであろう (Renteln, 1990, pp. 60-1)．これらの観点からみても，このように文化的に制約された義務と権利が，それでも文化的に制約されていない普遍的な義務と権利を生み出すようになされ得るのかということを手短に論じる．権利，義務と文化との関係に関する分析的な文献への優れた紹介としては，Waldron (1984) pp. 1-20 をみよ．

いてみる．それぞれの段階において，同じ文化を共有するものの権利義務と文化を問わない全体にとっての権利義務とを区別して検討する．

同じ文化を共有する者の最小限の必要充足への権利

　ある個人 A に例をとって考えの手始めとしよう．この個人 A はある種の義務を集団 B に対して負っていると思っており，その集団 B は A がしかるべく行為するという期待をもっている．またその期待が正当であることを A は意識しかつ受けいれているものとしよう．問題の集団は小規模で互いによく見知った共同体であっても，巨大で匿名的な集合体であってもよい．しかし，規模の大小や，成員同士が互いにどれほど顔見知りであるかに関わらず，当の A や集団 B の人々にとって A が義務を果たすべきだと思うということは，事実として A にはそれが可能だと思ってもいることを前提としている．言い換えれば，「べし」は「できる」を含意しているのである．ゲワースは以下のように論じている．

> また，X の最初の「べし」言明によって論理的に彼は他の人格を助ける積極的責任を引き受けることへと自らを拘束していることになる．というのも，私が P と呼ぶことにする，種々の本質的条件もしくは用役を他者が提供することなしには，X が Z をすると仮定することは不可能だからである．ということから，X が「私は Z をするべきだ」というとき彼は「他者は P をするべきだ」という言明をも受けいれなければならないのである．なぜなら，「べし」は「できる」を含意するのだから，それなしに X は Z をすることができないような P を他者がしないことが正しいのなら，X が Z をするべきだということは偽ということになるからだ．別の言い方をすると，もし人がなんらかの目的を是認するなら，その目的のために不可欠な手段をも是認しなければならない．少なくとも，暫定的に，もしくはより高次の考慮点に反しない限りは．(Gewirth, 1982, p. 94; cf. Weale, 1983, pp. 37-47).

第Ⅱ部　人間の必要の理論

　それゆえ，義務の帰属は——それを引き受ける者およびそれを帰属させる者にとって義務として了解可能であるためには——義務の担い手がしかるべく行為するために要される必要充足への権原を持つという信念を伴っていなければならないのである．

　したがってAは，たとえば，突然困窮状態に陥って，それでもBの構成員からはそうなる前に果たしていた義務を果たすだろうと期待されているなら，自分にはそのような充足への権利があるものと思っているのでなければならない．というのも，最低限の必要充足なしには，Aはおよそ何も——特に彼女に期待されているような行為を含めて——なしえないであろうからである．そして同じことはAに何かをしてもらう権利が自分たちにあると思っている者たちにも当てはまる．彼女の最低限の必要が充足されない限り，為すべきだと考えることを彼女がすることは無理だ，ということを彼らも受けいれなければならない．したがって，それらの人びとがその義務をどれほど重大と受け取り，彼女がその義務に従うとどれほど期待しているかに応じて，そのような充足への権利を彼女はもつということになる．またその逆も成り立つ[3]（cf. P. Jones, 1990, pp. 44-6）．

　もちろん，そのような権利を認めるからといって，特定の状況の中でそれがどのように尊重されるべきなのかが厳密に確定されるわけではない．たとえば，Bの構成員が，Aには最低限の必要充足への権利があるとしつつも，それに対応する必要供給の義務が直接自分たちにあるということは受けいれないということもあり得る．こういうことは，たとえば制度的な必要充足の

---

[3] ハリスはこの見解を退ける．それは，AはYする（例，借金を返す）義務を持ちつつ，かつそうするための手段（例，その金の貸与）をAに提供する責務，従って対応的な権利，を誰かに付与しないということも十分考えられるという議論による（Harris, 1987, pp. 137-8）．しかし彼の議論は説得的でない．Aには明細的な義務（たとえば，返済の）があり，もし可能であるのなら彼はそれを果たすだろうし，また私たちは彼の義務が果たされ得る唯一の手段なのだ，と私たちが本当に思うなら，それに対応して私たちはAにその金を貸す責務があることになるのである．

責任を負う福祉の実施機関が存在する場合にありそうなことである．しかし忘れてはならない——〔問題の〕権利が実質的なものになるためには，誰かもしくは何らかの集団がAのために行動する義務を引き受けなければならない．従って，この目的のための実施機関が存在し，他の方法ではAの最低限の必要充足は為されえず，かつ，AはBの構成員たちへの義務を引き続き負っていると彼らがみなす限りで，少なくともAの最低限の必要充足に向かって寄与する責任からBの構成員は逃れるわけにはいかないのである．そのような援助が取りうる形態は，実際にAが必要とする財やサービス（やそれを購うための金銭）を提供するという直接的な支援ということも，代わりにその仕事をやってくれる福祉の実施機関を何であれ資金援助することを通じた間接的な支援ということもあるだろう（Goodin, 1985, pp. 151–3）．

そのような積極的な支援を別にすると，AがBの構成員から道徳的に期待できる他のことは，「差し控え」である——すなわち，彼女の消極的自由もまた尊重され，彼らが直接彼女の義務遂行を妨げるような仕方で行為しないということ，である．このことは，Aへの義務をBの構成員が果たすことを彼女が妨害するというのと同じぐらいに道理のないことであろう（Gewirth, 1978, pp. 249–50）．しかしながら，この差し控えへの権利の強調は，ノージックのような自由至上主義のそれとは異なったものであることに留意されたい．これまでにみたように，ノージックは諸権利を根本的に非社会的な形で概念化する．それは「不可侵性」に関連する権原を与えるものとされる．この見解に従えば，他のいかなる人にも同様にすることを制約しないという条件で，私たちは自分の欲することを為す権利を有する．私たちの見解は，他者が自らの期待を真剣に受け取るならば，むしろ私たちが為すべきだと他者が考えることをする権利を持たねばならない，というものである．他者の側の差し控えの義務は本質的に社会的なものであって，任意の道徳的信念への支持から来るものなのである．

それゆえ，一般的にはAとBの構成員が，これまで素描したような相互的な道徳的関係を共有している限りで，両者は対等者（equals）と見られな

ければならない．この平等性は彼らの物質的な所有物の比較上の量とは何の関係もない．むしろ，必要充足の水準が平等ならば，共有された道徳的義務を引き受ける――個人の目標を社会的に追求する上での平等な尊厳を達成する――平等な潜在能力がもたらされるという前提を反映するものなのである．事態がこうなっていない場合，不利な者たちが苦しみを覚えるのは自分たちが持・つ・ものが他者より少ないからではなく，各自の生活形態において参・加・し・得・る・程度が少ないからである．私たちの道徳的考慮の焦点となるべきは，不平等であることそのものというよりは行為主体性が損なわれているということなのだ（Raz, 1986, pp. 227-40; cf. Gewirth, 1978, pp. 206-9）．

　これまでのところ，最低限の必要充足への権利を肯定する私たちの議論の焦点は，相互的な道徳的義務によって拘束されているということを受けいれる個人に合せられていた．その過程において概念的画一性を帰属させ過ぎてしまう危険を思い起こしつつ，今度はこのことを一つの文化――善に関する共通の規範的ヴィジョン――を共有している構成員すべてに一般化することにしよう．誰が何に対して責任・権利を持つのかについての合意へと個人を結びつける接着剤，そのかなりのものが，道徳的コード――すなわち，どの行為が正／不正なのかを命じる規則の体系――によって与えられるという事情を見てきた．そのような道徳的命法の枢要な特徴は，私たちが指令された規則に従って少なくとも行為しようとするかどうかに基づいて，善さ・悪さを個人に進んで付与するということである．ウィギンズ（Wiggins, 1985, pp. 170-1）はそれを手際よく要約している．

　　社会道徳は……〔中略〕……単に古びた抽象的原則などではない．それは共有された感受性のうちに，そして歴史的に与えられ，また逆に社会道徳によって永続化されもする習・俗・（mores）や制度のうちに，実現あるいは体現された（もしくはされ得る）ものとしてのみ存在するのである．共通の関心事や共通の目標の中でも，それ自身の生命を持ちヒュームがしばしば「道徳的な美」と呼んだものを帯びる神聖な価値として知

第6章　人間解放と必要充足への権利

覚されるようなものがあるが，それらを現にある通常の人間が心に抱くということは，社会道徳に参加することによってのみ可能になるのである．

別の言い方をすれば，徳そのものが部分的にはそれらの権利義務の遵奉を含んでいるのである．そして，まさしくこの権利義務によって，そのような「社会道徳」または文化の成員であるということは——それらの中での役割がどんなものであろうとも——何を意味するのかが約定されるのだ，ということである．[4]

しかし，私たちがここでちょうど素描した同じ理由から，一個人を有徳でないゆえをもって非難したり罰したりする，あるいはその逆のゆえをもって賞賛したり報いたりすることは，一つ以上の選択が許されている——すなわち，他のようにも行為し得た，ということを前提としている．そこから，あ

---

[4] このように徳を概念化するということは，古典ギリシャの倫理学説，特にアリストテレスのそれに基礎をもっている．「善い人間であるということは，あらゆるギリシャ的見解において，善い市民であるということと，少なくとも密接な連合関係にあるであろう」(MacIntyre, 1983, p. 135)．しかしながら，かなり後になると，道徳理論は受容された生活形態への首尾よい参加——アウグスティヌス主義者のいう「不幸の意識」以来のあらゆるもののこのような強調から，さまざまな型の利己主義——集合的なるものへの個人の義務の重要性は常に信奉された教義のうちに暗黙の内に保持されていたのだが——の個人による選好の追求の強調へと逸脱していった．この限りで，一共同体のメンバーシップに伴う規則への忠実な支持は，権利を社会的に体現化したものとして，さもなければ拡散していたであろう善のヴィジョン同士をつづり合わせる縫い糸なのである．たとえば，アウグスティヌスの『神の国』に今ここでの社会機構に対して示唆するところがあるのは偶然ではない．また，古典的自由主義でさえ，法への敬意と競争的市場への参加ということを主眼とする理想の共同体を暗黙のうちに前提としていたということを私たちは見てきたのだったが，その共同体においては，たとえば，勇気という古典ギリシャの徳は明白な関連性を有しているのである．そのような概念的つながりは異なった道徳的伝統の間でのささやかな通約可能性に対する潜在的可能性を示唆するものなのだが，マッキンタイアは，歴史学的な学識と哲学的論証と想像力との力業と〔さもなければ〕いえたであろうその仕事の中で，相対主義と戯れているためにそれを看過してしまう．このような結果に対するさらなる議論としては，Bernstein (1986) ch. 4 を見よ．

る文化の内部で誰かを非難したり将来よりよく行為することを期待したりするための前提条件は，彼らがそうするのに要する最低限の必要充足への権利を尊重するということになる．それゆえ，善のヴィジョンを共有していると思われる誰かを，私たちが為すべきだと考えるような仕方でよりよく行為することができるとしつつ，それをするための少なくとも最低限の手段を彼らが得る手助けをしない，ということは矛盾となる．

文化を異にする「よそ者」の最低限の必要充足への権利

しかし，私たちの道徳的命法の感覚は同じ文化の成員にのみ適用されるのではないか．それは明らかに違う．第三世界における極度の貧困の問題を解決し，その問題の原因となっている政治的・経済的条件を根絶する上でのオックスファムやウォー・オン・ウォント〔「貧困は政治的である」を合い言葉に，世界中の貧しい人々のための活動を行っている英国に拠点をおく慈善団体〕のような組織の能力を過大評価するのは馬鹿げているとしても，それらは苦しむ者の援助を受ける権利，苦しみを免れている者が援助を行う義務，に関する極めて強い感覚を体現している．これらの感情は，先に示した議論をあらゆる場所のすべての人格へ暗黙に適用するということの反映である．そしてその適用は正当である．というのも，その善性への信念を宣言する者が真にそうみなすのなら，道徳的命法にとって国境というものは存在しないのだから．

時局的な例を挙げるならば〔本書出版の2年前に，『悪魔の詩』を著したサルマン・ラシュディに対してホメイニによる死刑宣告が出されている〕，個人はその信仰ゆえに，あるいは信仰について書いたり出版したりしたことのゆえに殺されるべきではない．そう考えるなら，私たちはこの立場を自らが道徳的善として受け入れるものの一側面とみなしているのである．私たち自身の文化に属する成員であろうと，対立するような道徳的見解を体現するまた別の文化に属する成員であろうと，この原理を侵犯するいかなる者をも非難することへと私たちが導かれるのは，この原理の定言的地位ゆえである．しかし，

第 6 章　人間解放と必要充足への権利

異文化に属する者に対して——「私の意見では，あなたは今とは違ったように行為すべきだ」と——物申すことは，またもや彼はそう・で・き・るということおよび私たちに供給可能な限りでの最低限の必要充足への権利が彼にはあるのだということを前提としている．したがって，他の社会の飢えた母親が幼子に食べ物を与えようとして果たせないのを見るということは，母親が子どもに対して持つと私たちがみなすいかなる責務をも彼女がよりよく果たし得るようになるべきだという結論を伴っているのである．そのような責務の帰属を前提として，何・ら・か・の・仕・方・で・援助しようと試みる責務を私たちは引き受ける．根本的に異質な文化に属しさえする者の最低限の必要を満たすために「何かがなされねばならない」．こういう一般的な応答は，より快適な〔暮らしが可能な〕国々の者たちにとって自分自身の姿——それも，ある仕方で行動するべきなのにそうするにはあまりにも自らが無力であると思い知らされている——が映し出されるような悪夢的な鏡を彼らが掲げているという事実に，部分的には起因する．シェイクスピアのイメージを用いるならば，彼らは「荒野」とその中にいる，無防備で「あわれな裸の二本足の動物」としての自分自身の姿を見るということである[5] (Ignatieff, 1984, pp. 38-44).

　私たちの多くはそのような状況の中で助けを期待する権利があると感じる．そして，そのことに対する相互的なものとして，同じ権利を他者に付与するだろう．通常はそうはしないような者でも，最低限の必要充足への普遍的権

---

[5]　この議論の道徳的な力は，私たちが必要充足への権利を帰属させるよそ者の道徳的目的を受け入れることに依存するものではない．これらの条件に私たちが付与する価値は，私たちが自分自身の善のヴィジョンに与える価値に応じて変わってくるのである．この善のヴィジョンとは，他のすべての他者によってその善が追求されることを望み，従って，他者がそれを追求できるようになることを望まないとしたら私たちは首尾一貫性を欠いていることになると言われるようなものである．これはグッディンの「何かが道徳によって前提されているということを示すだけでは，それが道徳的に必然的に望ましいということを示す役には立たない」(Goodin, 1988, p. 49) という議論に対抗するものである．というのは，何か明細的なものが——道徳そのものに対立するものとして——道徳的に望ましいと思われるならば，素描した理由により基本的な必要充足が道徳的に望ましいということが帰結するからである．

利を却下するためにはなんらかの正当化を試みる必要があると感じる．ホモサピエンスの一部は完全な意味での人間ではないのだと言い放つ人種差別主義者を別にすれば，最低限の援助をよそ者に与えないことのもっともありがちな正当化は，そうした援助によって彼らの自助の能力があれやこれやの仕方で奪われてしまうだろう，というものである．たとえば，ハーディンはこのように主張する．

> もしも貧しい国家が外部からの食糧援助を受け取れないのだとしたら，その成長は穀物生産の失敗と飢饉とによって周期的に抑制されることだろう．しかし，困窮のときに常に世界食糧銀行をあてにできるのなら，その人口は抑制を受けることなく増加し続けることが可能であり，その食糧への「必要」についても同様であろう．短期的には，世界食糧銀行はその必要を減少させるかもしれない．しかし長期的には，その必要を実際には際限なく増加させるのである（Hardin, 1977, p. 17）．

しかし，焦点が最低限の基本的必要に絞られる限り，そのような議論は首尾一貫していない．それらの主張は仮定上，極度の困窮にある行為者が自分でどうにかするべきだということを前提としているが，でありながら，そうするために必要な最低限の健康と自律へのアクセスを拒んでいるのである（O'Neill, 1986, ch. 4）．

　以上のことから，私たちの提案は，すべての人間に最低限の必要充足への権利があるということを誰でも受け入れるに違いないというものではないことになる．また，他者がそれを達成することを確実にするためにできることをする義務を誰かが受けいれるに違いないというものでもない．苦痛を与えるということは，個人的集団的な人間の非合理性の一側面であり，これまでも常にそうだったということである．そして，もちろん「非合理」ということで，「道具的有利さ」がない，ということを言いたいわけではない．道徳性をわきにおいておけば，他者を搾取し絶望と死に追いやることは，常に誰

かの短期的利益に適うであろう．しかしながら，そのような極端な利己主義に対しては広範な反対があるという事実も打ち消しがたいことである．極度の困窮にある人に対して何か力を貸せるときに何もしないことは道徳的に不正であるというほとんど普遍的な信念があるのだ．さもなければ，大量虐殺に際して感じられる一般的な反感は説明がつかない．同じく，少数派に無慈悲な苦難を与えることを願う多数派に都合の良いようなタイプの功利主義に対して，多くの哲学者や社会理論家たちが穏やかならざる感情をもつということも理解しがたいだろう．ヒュームは，洗練された型の利己主義に普遍的な道徳的「共感」を組み込んでいるが，それはまさしくこれらの問題に説明を付けるためである．普遍主義への同様の訴えは，道徳理論における自然主義の近年の復活を特徴付けるものでもある（Norman, 1983, chs. 5, 11.）．

言い換えれば，長い間にわたって，最低限の必要充足についてのある種の道徳的合意が存在してきたのであるが，それはある人びとが自分の文化に参加できない，あるいは自己の個性を発展させられない，という不平等を特に問題視するようなものであった．とりわけ，このことは，抑圧的政治体制の下にあってさえ，正義と平等のレトリックが持続的な人気を誇ってきたことの説明となる．重大な必要と権原とのつながりは，理性と感情の双方による支持を受けた強力なものなのである．

同一の文化に属する成員の間での最適必要充足への権利

これまでの議論は，最低限の基礎的必要の充足に対する，万人の権利を正当化するものであった．しかしながら，それによって正当化されたのは，せいぜい重大な苦しみの回避や人びとが「なんとかやっていく」ことを可能にするということである．次にその議論をより高い，「最適」段階へと及ぶ段階の必要充足へと拡張していこう．

公的および私的生活において自分が知覚する責務を果たす上で必要な行為の量は通常，最低水準の必要充足によって可能になるような最低限のものをかなり上回る．個人が極めて真剣に受止め，かつ自らの能力の最善を尽くし

第II部　人間の必要の理論

て達成するべきという義務を自分に課してくると思えるような，目標が常に存在するであろう．これらは通常，個人の生の処し方にとって中心的なものと知覚され，それを首尾よく達成することは，高い道徳的性格を備えた者と自らをみなす，もしくは他者からみなされることになるかどうかを決定付ける目安であるだろう．この種の個人的な目標は文化的な価値から示唆を受けたものである．ここで言う文化的価値とは，自分がその人に対して道徳的責務を負っていると感じられる，そういう者たちから期待される，遂行の型と水準〔のことである〕．したがって卓越を目指す試みは，特定の生き方へのコミットメント，またそれを通じた特定の善のヴィジョンを象徴するものなのである．このコミットメントの度合いは，最終的には，同じ価値観を共有している他者によって判断される．これらの状況において，私たちが自分自身について最善より少なくても〔すなわち力惜しみしても〕構わないと思うこと，もしくは私たちが責務を負っている相手はそれでも受けいれてくれるであろうと思うことは，私たちの行為を導く共有善に対する私たちと相手のコミットメントに疑問符が付くということである．そのことは，その善が本当は結局のところ本当の善とは信じられていなかったということを意味する[6]．

しかしながら，もし私たちが同一の道徳にコミットしている人なら最善を尽くす——その道徳の観点において善くある——義務を負っているということに同意するなら，このことはさらなる信念へと私たちをコミットさせるこ

---

[6] この見解もまた，古典的ギリシャの道徳理論に根ざすものであり，マッキンタイアによって素描されている．

> これらの社会的に具体化された合意は一ポリスを部分的に構成するものである．ホメロス期以降のギリシャでは，非個人的で客観的な卓越性の基準は，戦争，戦闘，競技，体操の演技，種々の詩作，修辞学，建築術，農業，その他のテクネー，およびポリスそれ自体の組織化・維持といった活動形態のうちに認められたのだが，こうした諸活動形態に特有の善すべてをこれらの合意は首尾よく統合し秩序づけるものである．したがって，市民の善性は主要な部分において，騎手として，または兵士として，または劇詩人としての彼の善さによって構成されるのであり，職人である誰かの善性の主要部分は，笛職人もしくはゆりかご職人としての彼の善さということになるのである（MacIntyre, 1988, p. 107）．

とになる．すなわち，彼らの最善の努力が現実的な可能性となるために要される財と便益に関わるような権利である．誰か他人が最善を尽くすべきだと期待しながら，そうするために必要な手段をその他人が持つべきではないとも考えるならば，それは一貫性を欠いていることになるが，ここでの必要な手段とは，基本的必要の最低限の充足に対比されるものとしての最適な充足，ということになる．そしてもちろん，同じことは私たち自身についても当てはまるのである．このような結論に至らないのは，他の事情が全く同じであるならば，最善の努力に満たないものでも善の追求というものと両立可能であると私たちが考える場合に限られる．

　しかし改めて，この文脈における「善」とは何を意味しているのだろうか．もし私たちの道徳的信念を本当に真剣に受け入れるのならば，選択の余地はない．道徳的行為への能力を最適化するであろうような事柄に対して私たちの共同体の他の成員が権利をもつということを等しく真剣に受止める他ないのである．最小限の必要充足の場合と同じく，このことは二つのことを帰結する．消極的には，人が最善を尽くそうとするのを抑制しないことであり，積極的には，自分が道徳的徳性を追求するさいに主張するのと同じ水準の必要充足へのアクセスを供給するためにできることをすることである．私たち自身と同じ文化の成員で，自分の道徳を真剣に受け取る者はすべて，私たちに対する同じ義務を引き受け，それも同じ理由からそうするのである (Gewirth, 1978, pp. 240-8)．

　もちろん，何が先の言い方での「最善」とか「最適」とみなされるかということは，文化によって異なるだろう．それは，必要充足のために利用可能な資源や，文化特殊的な道徳的コードによって決まってくるのである．したがって，「最適」という言葉を用いるときに私たちが主張していることは，道徳的価値を共有している人が，道徳的卓越性を追求する助けになりうると想像されるあらゆるものに対する権利を有するということとは明らかに違う．そのような充足手段の範囲は潜在的には無限であるのだから，その文化の内部の個人や集団で〔その義務に〕対応してそれを供給する義務を負い得るも

第Ⅱ部　人間の必要の理論

のはなく，そのような義務の対応なしに一個の権利と認め得るものは存在し得ない．私たちの論点は，どちらかといえば，特定の文化の成員は，實践に・・・おいてどういうことが最善を尽くすということに当るのかについて，すでにまずまず明確な観念を持っているだろうというものである．この観念は，通常の個人が持てる能力のすべてを傾注して達成を望み得るものの見本，そして，そのような能力の発揮に通常伴う情緒的な自信，学習，健康の水準についての理論と結びつきをもつものであろう．したがって，首尾一貫しようとするならば，ある善のヴィジョンにコミットするということは，最適な個人の努力にとって必要なものについての，その文化において可能な最良の理解と結び付けられなければならないのである．また，全力を尽くすよう期待されている——かつそれを試みるよう促されてもいる——すべての人が，このことを現実の可能性にするために入手可能な資源の公正な取り分を与えられるということも，首尾一貫性の上では求められる．

しかし，どんな意味での「公正」なのか．これまで，私たちが示してきたことは，同一の道徳的秩序のうちにある全個人は，この目的を達成するのに必要な資源への平等な請求権と最適な必要充足への平等な権利をもつ，ということである．必要の普遍性を擁護した際に言及したあの豊かな島に話を戻すなら，何の問題もない．希少性は存在しないのだから，ヒュームが言うように，「正義という嫉妬深い徳は一度たりとも夢見られることはなかったであろう」(Hume, 1963, p. 184)．しかしもし，財と便益の多くが——たとえば，自然災害のために——突然入手不可能になったとしたら，そのとき必要充足はそれに応じて減少を余儀なくされることであろう．他のすべての事情が同一であるとすれば，このことは，希少性が存在しないときにはその必要が最適水準に満たされるべきであったすべての人に基本的に同一の影響を与えるだろう．たとえば，関与する希少性の型と程度に応じて，死亡率および罹病率は上昇し，教育機会や情緒的支援は低下するだろう．しかし，これらの状況においても，平等かつ最適な必要充足への個人の権利は，選好充足への権・利とまったく同じく強いものであり続け，かつそれに優先する．この実行可

能な程度の平等な必要充足が達成された後は，残余の余剰がどう分配されるべきかを命じるものはこれまでの私たちの議論のうちにはない．

　この種の議論——道徳的権原とプラグマティックな実効性の双方に立脚したそれ——が，高度なヘルスケアその他の福祉サーヴィスへの平等なアクセスを唱える諸社会政策の背後にあるのである．とくに競争的な経済・文化のうちにあって，不利な立場にある者に，必要な必要充足を備給することなしに，全力を尽くして自助せよと勧告することは道理に合わない．

　不幸なことに，そのような限定的な平等主義は，歴史を通じて，またそれに劣らず今日も認められる．あらゆる社会に利益の衝突が存在し，通常，権力と特権を持つ者が頑強に闘い，自分たちの必要と欲求の充足の双方について高い水準を守り抜く．それは同一の価値を共有すると主張される他者にどんな有害な結果がもたらされるかを頓着するものではない．私たちはすでに権力者が利益を正当化する仕方のいくつかを考察した．しかし主人と奴隷の関係についての分析でヘーゲルが明らかにしたように，私たちが他者を支配し，私たちの人格的成長へのその他者からの貢献の価値がその過程において減ぜられるなら，結果する矛盾の代価は最終的には支払われねばならないことになる（Hegel, 1977, pp. 104-11）．おおまかに言って，この代償は二つの形態を取りうる．第一に，短期的な利益の追求が，システム的「蓄積」の脅威となるということがある．たとえば，現状の英国の経済的脆弱さの責の一部は，労働者層への教育投資の欠如に求められる（Finegold and Soskice, 1988）．第二に，不公正な支配はシステム的な「正統性」——支配を受ける側からの，支配されていることについての，また支配する者についての，正統性を受けいれるというなんらかの信に足る支持——が脅かされるということがある．〔支持が「信に足る」というのは，裏返していえば〕その支持がいかなるものであろうと，その表明の時点で支配を受ける側の健康や自律が損なわれているのなら，それは疑わしいものとなるということである．西側福祉国家が発達した事情の一部は，これら二つの潜在的なコストによって説明される（Gough, 1979, chs. 3-4）．

したがって，他者と分け持たれた善——資本主義それ自体の推定上の善さえをも含めた善——の構想へのコミットメントは，私たち自身がその善を追求する際の同じ真剣さをもって他者がその善を追求する権利へのコミットメントを帰結するのである．他者にそれを同じようには認めないことは，いまここでの主観的幸福へとつながるかもしれないが，道徳的徳性とも一貫した社会正義のいかなる理論とも整合するものではない．権力を持つ多数派は，そのような助言を無視し，長期的な代価を払わされることはないだろうという希望の下に，私腹を肥やし続けるだろう．個人として彼らは幸運なのかもしれないが，だからといって正しいことにはならない．馬を理性の水場に連れていくことはできるが，それを飲ませることはできないというのは本当である (Gewirth, 1978, pp. 190-8)．

最適な必要充足への異邦人の権利

これまで，善のヴィジョンやそれに結びついた権利義務の体系への集団的コミットメントから，最適の必要充足への集団的なコミットメントが導かれることを見てきた．しかし，同一の道徳的価値体系を，したがって，同一の道徳的ヴィジョンを共有していない人びととの間での社会正義についてはどうなるのだろうか．

私たちの道徳的自己参与〔の程度〕を測る尺度は，その定言的な性格を真剣に受け取っていこうとする気持ち〔の強さ〕である．その定言的な性格，とはすなわち，すでに同意を表明したような人びとにだけでなく，それが万人に適用可能である，ということである．もし私たちの善が〔本物の〕善であるならば，そのときすべての個人は——彼ら自身が持つ道徳的価値観とは無関係に——しかるべく最善を尽くすべきであると考えなければならない．たとえば，女性器切除は全女性に対する侮辱であるとか，高齢者の隔離は非道であるとか思われるなら，そのような慣習を行っている人びとがいかなる正当化を持ち出そうともその慣習は道徳的に非難されなければならない．しかしながら，彼らが，私たちがみなすような意味で善であろうと最善を尽く

第6章　人間解放と必要充足への権利

すべきであると考えるなら，そう試みる権利が彼らにはあるのだということをも私たちは受けいれなければならない．しかし，この指令が空虚な道徳的抽象以上のものであるためには，そうした選択が身体的，情緒的そして知的にも現実的な可能性になるような諸条件へのアクセス権，すなわち最適な必要充足への権利をその他者は有するべきであるということにもなってくるのである．まさしく，一つの道徳からまた別の道徳へと移行するということに伴う多大な知的・道徳的困難を考えるならば，私たちは道徳的な対立者が可能な限り好調であることを求めるべきなのである．

それゆえ，その道徳的信念について何も知らないようなよそ者の最適な必要充足への権利を支持せねばならないということが，首尾一貫性の上では求められるのである．それは，私たちの善のヴィジョンが優れており，真実のものであるということへの私たち自身のコミットメントに比例する．弱々しい者たちを虐げることで勝ち誇るのは道徳的に敗北している．かの奴隷のように，自分たちは承知しているのだと彼らが言っても，それが本当かははっきりわからない．彼らの同意が短期的にいかなる個人的満足をもたらそうとも，それは長続きしないだろう．もし，野蛮と考えられるものを眼前にした徳への配慮が，まさしく最適な徳の追求のための前提条件——すなわち，現に抱いている信念がいかなるものであろうと潜在的には有徳たり得るすべての者にとっての最適な必要充足——の抑圧につながるのなら，徳を配慮するがゆえに行為のうえで穏健かつ〔体制〕順応的な態度にとどまることは，概念的・情緒的な奴隷制の一形態である．それは，道徳というものがそれに従おうとする者たちに求めるべき，責任ある道徳的選択ではない．

これまで私たちは，個人がなんらかの善のヴィジョンを真剣に受け取る限りで，同一のヴィジョンを採用しようと全力を尽くす人間とみなされるすべての他者の権利を尊重する義務を負うということを論じてきた．共通の人間的必要という観念は，よそ者のものまでをも含めた最適な必要充足への権利を伴っているのである．本章への補論では敵の権利および戦争に関する正義について検討するが，最適な必要充足への権利は国境の内外で他者の必要充

足を重大に侵害するような体制，またその実行主体の場合は制限されると論じる．しかしながら，この限定を正当化する基準は，やはり最適な必要充足を万人に行き渡らせるというものであることに変わりない．

6.2 特殊な責務と必要充足の最適化

　権利についてはこれぐらいにしよう．義務あるいは責務についてはどうだろうか．実際には，最適な必要充足への権利は，差し控えの行為だけではなく，そのような決定が物質的・心理的に実行可能であるために必要な財と便益が入手可能になるようにするという積極的な行為を帰結するであろう．要するに，すべての人間が彼らの必要充足を最適化するのを助ける責任，義務，責務が私たちすべてにあるのである．

　もしこの議論が受けいれられるなら，私たちすべてが重い責任を背負い込むことになる．世界中の切迫した必要の程度は圧倒的である．個人は当然，既知で，強く明白な責任の感覚を感じる相手（たとえば，家族や友人）の必要と欲求とを満たすことに心を奪われているというのに，どうして個人は特定された義務を果たすものとみなされようか．そして，最低限の必要充足への権利を確保するために活動できるような機関が存在するのかどうかさえ定かではないというのに，どうして世界中のすべての人びとが最適な必要充足への権利を有し得るというのか．オニールが論じるように，「権利言説が伝えるものは，しばしば，権利への尊重を確保するためにその行為が必要とされる人への曖昧なメッセージに過ぎないことがある．抽象的な権利のレトリックの広範な受容は，権利の尊重の広範な不履行と共在する」（O'neil, 1986, p. 117）．このことは避けられるのか．

　この問題をさらに探求する手始めとして，ある日の海水浴場を考えてみよう．のどかな状況が突如暗転し，一人の子どもが，強い流れにつかまり沖合いに流されそうになって必死に泳いでいるのが見えたとしよう．彼を救助す

第6章 人間解放と必要充足への権利

る責任——その子ども自身が満たそうと苦闘している生存への必要を尊重する責任——は誰にあるのか．もし監視員がいるならば，第一の応答は疑いなく，まさしくこのことを行う「特別な責任」があるのは監視員だということになるだろう．その監視員自身についても一定の権利（たとえば，定期的に支払われる報酬）を保証するような雇用条件に約定されていることなのだから，彼は自発的にこの義務を引き受けたことになるのである．しかし，彼が何もしないとしたらどうか．他の誰が，その子のために動くべきなのか．たとえば，全員に向かって「その子の親——もまた子供の福祉に対する特別な責任を負っているのだから——が何もしないとはっきりするまで何もするつもりはない」と叫ぶのは道理にかなっているだろうか．そんなことはない．その子に救助される権利があるというのは，他の誰かと契約関係にあるからではなく，「切迫した必要」ゆえなのである（Goodin, 1985, p. 111）．彼の生存への必要を満たすために介入できる立場にある他のすべての人に，それを行う責任がある——すべての人，というのは，自分の善のヴィジョンを真剣に受止めるすべての人，ということである[7]．

しかしこの責任はどのように割り当てられるべきなのだろうか．たとえば，そこに泳げる人が200人いるという場合に各人が200分の1ずつ責任を分かち合うというような，何らかの細分化〔の原理〕に基づくべきものではないことは明らかである．各個人が問題の必要を満たす——この場合は溺れるこ

[7) これは，救助しようと思えばできた人がそうしなかったことによって子どもの死を引き起こしたと言われうる，という事実ゆえではない．ここでの因果性の問題は込み入っている．というのも，不作為が何か特定のことの発生を引き起こす，と言うならば，あらゆることを引き起こすということになるように思われるからである．たとえば，キュー植物園〔ロンドンにある植物園〕にあるすべての樹木に斧を振るわなかったからといって，それらの成長を引き起こしているのであろうか．このことがいえるのであれば，因果的過程を中断させる自分たちの能力について，また他者の基本的必要の充足の障りになっている場合にはその因果的過程の中断を行う道徳的責任について，なおも有意味に考えることができる．ここでの浜辺の事例においては，もし子どもが溺れたら，救助のために何も行なわず，かつ，「理にかなった機会」を持っていたすべての者は，道徳的に責めを負う（Feinberg, 1984, pp. 165-86）．

とを防ぐことを通じて——立場にある限りで，彼ら各人がその実現に対する完全な責任を共有しているのである．この責任を緩和し得るのは，彼ら自身の基本的な必要充足を危険にさらすことなく行動することが（たとえば，泳げないために）できない，または，正直に考えて，適切に行動している他者の成功を妨げることになる，というのが事実である場合のみである．これを別にすれば，傍観者の行動の遅れが正当化されるかどうかは，その子の必要が満たされるのを〔手を下さずに〕見守っている時間が長すぎないかどうかによって決まってくるだろう．このことを確定するのは困難かもしれないということが事実でも，それによって勧告されるのは打ち消し難い救助の義務の回避ではなく，賭けに打って出るのは止めておくということである．グッディン——にこの分析は多くを負っているのだが——はこの論点を手際よく提示している．「この責任の限界は，まったく端的に，脆弱な行為主体の必要，および責任を負った行為者が実効的に行動できる能力の限界である——これ以上ではなく，しかし確かにこれ以下でもない」(Goodin, 1985, p. 135).

ということは，溺れる少年に対する責任は海水浴場にいるすべての人にかかってくるのである．しかし私たちの理論が妥当であるためには，それは私たちが直接目にせず，かつ直接手を施すこともできない苦しみを持つ，困窮状態の人にも当てはまるものでなければならない．異邦人に対する私たちの実際上の責務はどんなものか．それは，何らかの理由で「親密」な人びとへの特別な義務，あるいは私たちが直接手助けできる立場にある異邦人に対する義務と並べて目方を量られることになる．もし必要の充足がいわば身の回りから始まるものなら，同郷に住んでおらず，直接の接触もないような相手に対して私たちにはどれほどの責任があるのか．国境の内側および外側の異邦人の場合をそれぞれ順に考察しよう．

必要充足を確保するために働きうるのは，行為者だけでなく，適切な力と物質的な支援〔手段〕を備えているとすれば，諸機関——様々な種類の社会制度——なのだということが受けいれられたとき，問題解決の糸口が見える．個人その人自身は直接接触をもたない人の必要充足の低下を食い止めること

もその改善を促進することもできないのは明らかだ．〔対象と〕接触をもち，同時に適切に介入する専門知識と資源とをもち合わせた諸個人を含む集合体については事情は違ってくる．個人は，そのような機関への支援を通じて——もしくは，そのような集合体の構成員であるなら政策への支持または反対を通じて——異邦人の必要充足への道徳的責任を果たさなければならないのである（Gewirth, 1978, pp. 312-19）．したがって，先の例に戻るなら，自身は海水浴場を使わない多くの地元の市民も，海水浴場を使う人の安全のために寄与する責任を認識し得るし，するべきなのである．したがって，彼らは監視員——訓練と独自の技能に基づいた必要充足への特別の責任を持つ者——の費用を集団として支弁してもよい．

　だとすれば，なぜそこで立ち止まり，いわば近所の海水浴場のことに話を限るのか．公共の海水浴場の客はすべて同じ必要をもっているのであって，ということは安全への権利をもっている．これが，そのような目的のための課税に服する厳格な義務を道徳的に正当化するものなのである．さもなければ，道徳上の非合理性や個人の持つ性格的異常によって，「フリーライダー」のディレンマ——監視員のもたらす安全を享受することはすべての人の利益にかなうであろう一方で，監視員の労力に対して資源を提供することの方は誰の利益にもかなわない——が生み出されることになるだろう．同じ議論は，たとえば，事故で負傷した人の手当ての任に当る地域の救急サーヴィス，近隣の病院その他の全機関に資源を提供することにも当てはまる．それはまた，水泳教室やプールを公共的に運営するというような防止策を裏で支える理由でもある．言い換えれば，関連する制度的機関に支持を与えることを通じて，異邦人の集合的な必要充足に参加するということを確実なものとする厳格な義務が個人にはあるということである（Plant *et al.*, 1980, pp. 93-6; cf. Gewirth, 1982, pp. 59-66）．

　そのような義務は，福祉国家の権利基底的正当化の核心に達するものである．多様な国民的文脈において，（第 13 章〔訳出されない〕で示すように）福祉国家の制度の多くは必要の緩和において相当の成功を収める能力があるこ

とを示してきたのだから，私たちの権利義務の強調は実際的なものであることを正当化するという目標に向けてある程度まで前進してきたことになる．というのは，事実として最低限水準の必要充足をかなり上回るものが獲得されてきたし，したがって，獲得され得るからである．同じく，これまで為されてきた濫用がどんなものであれ，国家による福祉制度というものはそのような充足，特に自律への基本的必要に関するような充足の減少に間違いなくつながってしまうのだという証拠はない．理論的にも実践的にも，私たちの〔抱く〕善のヴィジョンを追求するために全力を尽くして欲しいと願う人びとに獲得され得る最適な充足を私たちは常に欲さねばならない．このレベルが実際に何を意味するのか，それがどのように実施されるべきかについては論議があるかもしれない．しかし，だからといって達成可能であるとすでにわかっているような，高度の必要充足に他者が達することを集合的に手助けせよとする道徳的命法が何ら弱まることはないのだ．同じく，その過程において，個人の選択に対して人工的で官僚主義的な制約をかけて自律の達成を実際には阻害するような福祉制度を作り出してしまわないように意を用いねばならない．

しかし，他の国民国家に属する異邦人の必要への私たちの責任に関する問題はなおも残っている．もし私たちの責任を近隣地域に限ることへの正当化がないのならば，それ以上のいかなる義務の限定も恣意的であろう．これは，あらゆる場所の困窮状態にある人すべてを助ける責任が私たちにはある，ということを意味するはずである．ここであらゆる場所のというのは，公式の管轄権を有する特定の国家機関がそうした人びとに対して何もしないときでも，ということである (Singer, 1979, p. 23)．最終的に，このことによって話は第三世界へと向かうことになる．困窮状態にある人びとの剥奪の規模およびその結果としての必要充足への彼らの権利の〔不充足の〕法外さを考えに入れたとき，先進国から何千マイルも離れたところに暮らす人びとにとって実際的な意味をもつように道徳的責任を解釈するにはどうしたらいいのだろうか．第三世界の必要を満たすために，第一世界の個人が個人として直接，

実効的にできることはほとんどないだろう（Fishkin, 1982, p. 75）．実際，そうした個人の唯一の努力が特定の慈善活動を通じたものであるなら，それは潜在的には，制度的介入の重要性から注意を逸らすことによって，有害なものとさえなり得るのである．[8]

したがって，全員が自国の国境内の福祉の集合的供給を支援する厳密な義務をもっているのとまったく同様に，私たちは国際的にも同一の責務を負っているのである．世界中の苦しみを緩和するために効果的に働き得る機関を創出し維持することに手を貸す責任があるということだ（Goodin, 1985, pp. 163-7）．福祉国家として機能している国民国家の場合と同じように，これらの機関は課税制度――「国際必要税」――を通じて運営資金を受けるものとしてもよいであろう．そのような課税制度の詳細や，その収入が救援と投資の間でどのように割り振られるべきか，はさらなる論議の問題である．さしあたり重要な論点は，そのような制度への要請は必要と権利との関係についての理論的分析に基づいているのであり，しかも現今の国際的現実に実際的な足掛かりをもつものなのだということである．すでに多くの実在の援助機関がそのような課税制度によって供給され得る追加資金を求めて手を上げている．より具体的に言えば，世界保健機構の近年の推計によると，安価なワクチン接種によって容易に防止できたり，安価な手当てで治療できたりするような疾病により死亡する第三世界の子どもは毎年 1400 万人にのぼるという（UNICEF, 1987, p. 5）．この子どもたちを援助するための流通インフラはすでに存在している．第一世界の市民が，彼らを助けるために何もしない限

---

8) このことは，貧しい国民国家それ自体の住人に課される，より豊かな国の人びとと同一の義務を何ら否定するものではない．最貧の未開発の国々にも社会的不平等が存在するのであって，そのことは多数派に対する少数派の義務を少数派が等閑視していることを示しているのである（Sandbrook, 1985, ch. 5）．少数派には同じ国家に属する成員の必要充足を行う全責任があるということはないかもしれないが，この目的のために行為する特別な責務があると示唆することは理にかなったことのように思われる．彼らは問題となっている剥奪と最も密接に接触しており，最も密接な知識を持っているのであり，それを改善しようと何かを試みるために介入する最良の位置にあるのである．

りで，その手は文字どおりこの子どもたちの血で汚れているのである．

　しかし，結論に至る前に，なお次のような反論があるかもしれない．すなわち，困窮のうちにある者の国際的権利についての私たちの強調は，最低限の必要充足にのみ焦点を絞ったものである．この点では正しいとしても，最適な充足の道徳的重要性に強調点を置くのは間違っているのではないか．私たちはそうは考えない．いったん，国境が道徳的責任の自足的領域を画するものともはやみなされなくなり，なおかつ自分自身の国民国家の市民が有する，集合的な福祉機関による最適な必要充足への権利を尊重するということが受けいれられたのならば，他の国家において困窮状態にある人に対してもまったく同じぐらいの責任が私たちにはあるということになるのである．必要充足に関わる機関の最初の焦点が最低限の要件でなければならないという事実が物語っているのは，それらの制約をできるだけ早く取り除くことが私たちの責任なのだということ以上に，そうした諸機関が活動する上での実際的・政治的な制約がどんなものかということなのである．最低限の必要充足に関する配慮から，これをかなり上回るものへのこの前進，これこそが，現存する福祉機関について道徳的に最も善いといえる要素のうちに反映しているものなのである．私たちの主張は，最貧国の困窮者の間での同じ前進の過程のために奮闘するという厳格な義務を担い得るすべての者がその義務を負っているということである．全世界を通じた必要充足に当たる機関の創出もしくは維持を支援する義務が私たちにあるということ，および，これが原理的に実行可能な道徳的・政治的目標であるということ，が受けいれられるなら，なぜ低い方に甘んじるのだろうか．

6.3　相対主義と人間解放への見通し

　創造性に活気を与え，潜在的にはすべての人に開かれ得る文化の豊かさの爆発へと導き得るのは，健康で自律的であって全力を尽くす人間たちである．

第6章 人間解放と必要充足への権利

この潜在力こそが,ウォルツァー,キーン,そしてラクラウおよびムフのような著述家によって雄弁に強調されてきたものなのである.不幸なことに,人間の必要そして,言外のうちに,最適充足への権利,に関して彼らが達する結論については同じように言うわけにはいかない.この権利を重大に受け取るということは,他より客観的に優れた最適充足へのアプローチが存在するという事実ばかりでなく,基本的必要の実在を受けいれることを伴っている.見てきたように,近年のヨーロッパ思想におけるポストモダニズムの伝統の特徴となっている相対主義は,その両方を受けいれることを拒否し,それゆえに,あれやこれやの文化的現状維持を擁護する以外為す術がないという仕儀に陥る(Callinicos, 1990).ヴィンセントが論じるように,「それは帝国主義に反対するキャンペーンと進歩的な結びつきを持つにも関わらず,実際に文化相対主義の教義が許すことは,ジョン・スチュアート・ミル〔John Stuart Mill, 1806-1873〕が『慣習の専制』と呼んだものへの降伏なのである」(Vincent, 1986, p. 55; cf. Anderson, 1983, pp. 45-55).

たとえば,低開発に特徴的であって,西洋の医療技術を用いれば治療したり防止したりできる疾病に苦しむ第三世界の人びとは,そのような知識から利益を得る必要はないのだ,と主張することはどういうことを意味し得るだろうか.同様に,人間としての自らの潜在能力について無知なままに留め置かれた女性は,教育と社会的な考量の範囲を狭く制限する家父長的な支配から自らを解き放つ権利をもたないのだ,と示唆することの意味はどんなものだろうか.いかなる意味で〔医療や教育を〕必要としなかったりするのか.私たちの目にする唯一の正当化〔の論拠〕は,相対主義者なら選ぶそれ——すなわち,人びとが欲しくもないものを「必要」とすることはありえない,というものである.しかし,これまですでにみてきたように,人びとはきわめてしばしば,自分の欲求と必要とを取り違えるのであり,場合によってはそのために破滅的な結果に陥るのである.[9]

---

9) メルローズはそのような相対主義的な議論が必要充足における悪行を正当化するためにどのように用いられうるかに関する次の例を示している.

第Ⅱ部　人間の必要の理論

　私たちはすべて，自分自身や他者の必要充足を最適化する方法——いかにして個人的および集合的に人間解放という目標を追求するか——を学ぶ際に，可能な限り多くの助けを要するものである．この点について私たちが獲得し得る最良の理解は，その文化的起源を問わず，最も実用上有効であるもの，というそれである．この点で，他の理解より疑問の余地なく優れているものもある（Doyal and Harris, 1986, pp. 148-55）．相対主義は，軽率にも，いくつかの集団の意識および実践とを他のそれから締め出し，人間の歴史を通じてすでに打ち立てられてきた多くの概念的・実際的な架橋をありえないものとして否定する．この歴史において，人間は再三再四，自分たちの選択の際に自らの文化の概念的な境界線によって制約を受けることを拒否してきたのだ——このことは，私たちすべてにとって進歩的な結果を伴っていた．

　選択の最適化，そして，基本的な必要充足によって可能になる人間解放，との理論的結びつきには長い歴史がある．それはマルクス主義と古典的自由主義の両方にとってのヘーゲル的背景の本質的な一部であった（Taylor, 1975, pp. 546-64）．これら二つのアプローチの枢要な相違は，そのような自由がもっとも良く表われ出る社会的経済的文脈はどんなものか，の捉え方についてのものであった．それは，市場を通じて個人的にか，それとも，より中央計画的かつ／もしくは共同体主義的な社会の内部で集合的にか，ということである．ヘーゲルの見解は，そのいずれの場合にも適用可能と論証しうるもので，いまなお最も実り多いもののように思われる．それは，自分に何ができるのかを知れば知るほど，それだけ自分についてより多くを学んだこ

　　　しかし，グラクソは「カルシ＝オステリン」シロップを他の開発途上国において一般的な強壮剤として販売促進していたが，当時英国ではこういうことはしてなかったばかりではなく，英国国定処方集（the British National Formulary）でもこの用法はまったく正当性のないものとされていたのだが，この販促に関して私たちが差し向けた初期の照会に対しては回答が得られた．グラクソの上級医学顧問の回答は，国が異なると「医学実践の概念」もかなり「異なる」のだということを強調したものだった（Melrose, 1982, p. 80）．

第6章 人間解放と必要充足への権利

とになる，というものである．この過程——それは，真であって疑いの余地のないものと受止められていた事柄についての肯定または否定〔の作用〕を常に伴っている——において，私たちは社会的自然的世界の何が偶有的なもの（たとえば，奴隷制や致死病についての超自然的な説明）で，何が必然的なもの（たとえば，異なった文化伝統に接触するための識字への必要や健康を保つために汚染されていない水を飲むことの必要性）なのかを見出す．ヘーゲルはまた，そのような学習が本質的に社会的であるということを受けいれ，それに固有の歴史的発展のパターンがあると論じた．それは，人間の創造性に対して不自然な抑制となるような文化構造を打ち壊すと同時に創造性の限界を押し広げていくようなものだという (Plant, 1971, chs. 6-7; cf. Norman, 1976, chs. 5, 6)．

　いくつかの著作において，マルクスも同様の観念を展開している．——これもやはり，人類に可能なすべてを成し遂げる妨げになる不自然な抑制に焦点を当てるものである．二人の枢要な相違は，マルクスの方はそのような抑制の除去に向けた政治的行動の綱領があるとする点にある．人民は，ヘーゲルが示唆したように，理解はできてもいかんともし難い歴史という大河の流れのままにさらわれていくのではなく，むしろ自らの運命に対して潜在的に責任を負う立場にあるとマルクスは主張するのである．人類の条件は入手可能な最良の知識を注意深く適用することによって改善できるのだと信じるすべての人およびマルクスにとっては，かのミネルヴァのふくろうは，すっかり日が昇ると多分より安全に飛べるのに，〔あえて〕黄昏および黎明に飛び立つのである．そしてこの信念には，多大な責任が伴っている．というのは，もし人間が歴史を変える力を有しているのなら，人間解放への必要条件であるような変更をもたらそうと努め続けるということが課題となってくるからである．その必要条件とは，可能な限り多くの人間の，持続可能な最高水準の，健康と自律の必要の充足，である．相対主義の悲劇とは，この目標がどのように達成されるべきかについての論争の不整合性を主張することによって相対主義の支持者——その意図がいかなるものであろうとも——が，その

ような変化を防げようと願う者たちに手を貸してしまうということである．

　種としての人間が，自分たちの必要を満たすということ——これを達成する仕方・選択にも他よりも客観的によいものが存在し——その能力において実際進歩を遂げてきたという考えを抱くことは，文化帝国主義の誘惑に屈することでも，非西洋は何ごとにおいても西洋を模倣するべきだ，と主張することでもない．それは単に，そのような選択を拒まれた者が，拒まれなかった者と比較して不利な立場に置かれるということと，このことは，文化を問わず，偶有的な，変更可能な理由のゆえにそうなのだろうということを主張することなのである．それはまた次のように主張することでもある．すなわち，西洋の科学的・知的・政治的伝統によって，そのような選択は容易になり，その過程においてもたらされる個人の健康および自律の水準が他の場合を上回る限りで，それらの伝統はより人間的かつ進歩的であるとみなされ得るし，またみなされるべきだ，ということである（Nickel, 1987, pp. 71-9）．

　もちろん，基本必要を充足することについて，他の伝統にも同じことが言える．たとえば，個人の意識状態が広範な生理学的過程に対していかに影響を及ぼすかを理解する上で，インドや中国の健康や癒しへのアプローチから西洋医学が学ぶべき点は多いのは明らかである．しかし，特定の疾患のための最良の医療措置や特定の目標の達成への最良の教育は何から成るかということが単に文化的好みの問題にすぎないなどということはない（Doyal, 1987, pp. 35-8）．文化が存続し繁栄するために首尾よく遂行されなばならないような構成的活動というものがすべての文化にあるが，そうした活動についての理解の様式のすべてについて同じことが当てはまるのだ．

　首尾一貫した善のヴィジョンと組になった人間的必要の実在というものへの信念，この信念によってすべての人々の必要が最適度まで満たされるべきであるという道徳的コードに強力な支持が与えられる，ということを論じてきた．このことは，それに対応する義務——適切な場合には他者の苦しみを緩和すべく行動し，それを効果的に為し得る国家的，国際的機関を支持する

第 6 章　人間解放と必要充足への権利

という義務——が個人にあるということを意味する．そのような責任の引き受けの最終目標は，各文化の生活形態の内部での，また複数の形態間での，重要な選択の最適化を通じた人間解放である．

6.4　補論：敵の必要充足への権利

　第 6 章での議論は，汝の敵を愛せよという教義を度を超して実践していこうとするものではないか．たしかに，たとえば，自分たちと交戦中の敵の最適な必要充足への権利を支持するというのは，倒錯した考えであろう．本当に全員にこの権利があるというのなら，故意に人命を奪うような場合の正しい戦争や叛乱などというものは存在しないことになるのではないか．隣り合った版図を持つ二つの集団，A と B に例をとって，この問いに答えてみよう．A は理論的にも実践的にも必要の最適化にコミットした民主政体である．そこでの最適化の対象は，文化的相違のいかんを問わず，その構成員および他のグループまでもが含まれている．他方，B は，自分たちの必要充足および欲求充足の最適化にのみ考慮を払う少数派に支配されている．多数派は容赦なく搾取されていて彼らの必要や欲求の充足は考慮の外に置かれている．異邦人の最適な必要充足への道徳的権利〔という考え〕に照らして，三つのシナリオを考えてほしい．それは，B が A を攻撃する場合，B の住民の多数派が抑圧者に対して蜂起する場合，そして，A が B を攻撃する場合，である．

　B の支配層が，新たな労働力や領土を獲得するとか A が B の住民に対して示している代替案を押さえ込むとかの唯一の方法と見て，A に対する戦争を支持するものとしよう．さらに，A は B の支配層が多数派住民の権利を侵害しているとみなすがゆえに B と対立し，多数派に蜂起するよう促している．しかし A は，戦争行為は合理的説得ではなく実力行使による価値の押し付けであるとの理由から，それには反対の立場である．そうした中で

BがAに攻撃を仕掛け，その過程で住民を殺傷する．こうした状況においてはAの軍隊がBの軍隊を攻撃し，Bの攻撃を停止させるのに必要なだけの兵数を無力化すること——まさしくそのような事態においてそれが必要なことに疑いはありえない——はまったくもって正当だろう．もしこのことで敵に死者が出るなら出るで構うことはない．というのも，他人を殺害，さもなくば傷つけようとする個人とまったく同じ意味で，Aの権利を侵害したのはBであったのだから．両方の事例において自衛は適切であるが，それは個人または集団にとって将来の必要充足への潜在能力および善のヴィジョンの追求に関連する徳への能力を守り得る唯一の手段だからである．防御側が，攻撃側の最適な必要充足への権利を尊重しつつ有効に自衛を果たすことは不可能であるということから，攻撃側はこれらの権利を，それも〔相手に向けて〕示した脅威の苛烈さの度合いに応じて，喪失することになる（Walzer, 1977, ch. 4）．同じ論法は，なんらかの形態の拘禁を正当化するためや，また権利義務の相互的な性格を裏付けるためにも用いることができる．

　同様の根拠に基づいて，Bの住民が支配者に対する武力革命を目指す権利を正当化することはできるであろうか．ロックなどが論じたように，正戦論は，暴政や政治的抑圧に対する市民的反抗にも適用可能である（Geras, 1989, pp. 185-211）．私たちの理論は，重大な社会的不正義という特定の概念に基づくものとしての，この権利に焦点を絞る．自国民の基本的必要充足に対する明確かつ激烈な攻撃を実行しているなら，その政府や機関の構成員はそのような権利を喪失する．それはAが攻撃されたときのBの軍隊の構成員の場合と同じ理由からである．この権利は，もし「苦しみの収支」の計算上，反抗によってもたらされる苦しみが現状維持の場合を上回るということになるなら，帰結主義的理由から制限されるかもしれない．しかし，それ以外にはない．それ以外の場合，この攻撃の過程に積極的に荷担する者たちのために，必要充足の権利を守る他のチャンネルが一切閉ざされたのなら，反抗は正当化されるだろう．しかしながら，この反抗の正しさは，ただBの支配者の不公正にのみ関わるものではない．〔それには，〕反抗者の側の，普遍的

第6章　人間解放と必要充足への権利

で最適な必要充足とその達成への実現可能性を図る立憲的政策へのコミットメントも――もし戦いに勝つことが見込まれるなら――また問われてくるだろう．この二つは，とりわけ，勝利の際に敗者の権利が守られることの保証となる．

　最後に，Aが普遍的かつ最適な必要充足の権利を尊重しない現体制を交替させるという狙いを持ってBを攻撃することは正当化されるだろうか．ここでは，おそらくは直観に反して，通常答えは否でなければならない．それは性質決定文言が「攻撃」というものだからである．生活形態についての意見の一致を，害を加えることをもって，強要しようとすること――生活形態を選択する権利を擁護するための加害ならば話が違うにしても――は，真の狙いが物質的利得ではなくて道徳的な意見の一致を獲得するということなら，ほとんど常に逆効果となるであろう．そのような攻撃がいかに道徳的に正当なものだと感じられようとも，通常それに理に適った根拠を与えることは不可能であり，そこで生み出されたいかなる合意も疑念を免れることはないだろう．世界中で競合する善のヴィジョンにはかなりの多元性があるということを背景とするなら，多様な道徳的ヴィジョンを分かち持つ者たちによって，通常の状況下では国民的／文化的境界が尊重されることは決定的に重要である（Walzer, 1977, ch. 6; cf. Rawls, 1972, pp. 378-9）．関連する権利義務の厳格な受容・執行がなければ，世界中のBにとって自国名産の（their own particular brand of）悲惨を輸出しようとすること，あるいはAにとっては，善意からにせよ，地域の人々が自らの運命について自己選択する機会をなおも奪われているような状況に介入すること，は常にあまりにも誘惑的なものとなるであろう．これらの人びとの状況の細部についてもっとも良くわかっているのは本人たち自身なのだから，認知されたところの不正義への解決を押し付けようとする外部からの干渉はいっそう間違ったものになる可能性がある．

　この理由ゆえに先の議論は，実力を用いて政府を転覆しようとするB内部の解放勢力がAの助力を要請する場合には，限定を受ける．武装蜂起が

先に素描された理由により正当化されるなら，原理上それは外部からの介入に値する．実際にそれが介入されるべきかどうかは，何よりもまず，援助を受ける側が普遍的な基本的必要充足の目標と戦略にどれほどコミットしているかによって決まるだろう．しかしながら，〔ここでの〕外側からの介入は軍事介入とは異なったものである．前述の議論では国家主権を支持したが，軍事介入が正当化される場合——ヴェトナムのカンボジア侵攻が例になるだろう——はある国の支配者の自国民に対する攻撃が苛烈で，どんなに外部からの援助を受けていても，国民の側の物理的・精神的な報復能力が完全に壊滅せられてしまった場合である（Arkes, 1986, pp. 232–42; cf. Pogge, 1989, pp. 242–5）．そのような救いの無さを目の前にしながら国境を理由に介入を行わないということは，この事例においては，攻撃にさらされて同様の窮状にある無力な個人の場合と同じぐらい間違ったことであるだろう．したがって，そのような主張は，暴力を渇望する叫びとはまったく異なったもので，直接的な攻撃にさらされている者の権利の復唱であり，かつ，真の寛容を求める訴えでもあるのだ．

　戦争への正義（*jus ad bellum*——the justice *of* war），についてはこれくらいにしておこう．戦争における正義（*jus in bello*——justice *in* war），についてはどうだろうか．先の議論には，正しい戦争または叛乱を実行する者が交戦の方式について無限の裁量権を持つということを意味するところは一切ないと言うだけで十分であろう．そのような裁量権を統御する規則は，二つのカテゴリーに分けられる．暴力が向けられてよい人間のカテゴリーに関する規則と，攻撃の仕方に関する規則である．最初のものは，戦闘員と非戦闘員とを区別し，意図的な暴力の対象とされてよいのは戦闘員の方だけであると命ずるものである．もっとも，この二つの間の線引きをめぐる困難もなくはないのだが．先の例で言うならば，Bの攻撃に加わっている個人が無能力化されたのなら，Aへの攻撃のゆえに失われたすべての権利は——Aの効果的な防衛継続の力にとって妨げにならない限りで——回復されることになる．Aの構成員は，自らの文化の道徳的優越性を彼らに説きたいと思いBに反

第6章　人間解放と必要充足への権利

対する大義に与したいと思うのなら，その状況下で最大限可能なかぎり捕虜の健康や自律を維持するべきである．これらの規則を国内における叛乱のシナリオに適用して，ゲラスは，抑圧に直接手を下した者だけが攻撃を受けるべきである，と結論付ける．すなわち，体制の「指導者，軍人，警察，治安機関，看守，拷問者．一般に体制のために戦った者，抑圧的な法を押し付け，強制するのに関与した者」(Geras, 1989, p. 198) である．その他の住民に対する暴力は，決して許されない．

　適切な交戦の方式に関して言えば，「必要最小限の実力」の原則が適切である．戦闘の形態は敵の戦闘員〔の活動〕を停止させることができなければならないが，いかなる仕方でも不必要な苦しみをもたらすべきではない (Gewirth, 1978, p. 215)．したがって，Aは，Bの構成員が戦闘能力を失ったり，尋問下にあって防衛の目的のために必要な知識を白状したりした後になっても，永続的に害を与えるような武器や方式を用い続けるべきではない．また，このことはAの見解における徳の道を辿るために最善を尽くす能力を減ずるであろうし，また，AはBより道徳的に優れているわけでもなかったのだという確信を強めるだろう．捕虜の扱いおよび武器の選択についてのそのような選択性は，この点における道徳性が効果的な自己防衛の妨げにならない限り，Bの振る舞いの如何に関わらず，道徳的に求められるところである．数々の拷問法や化学兵器・核兵器の恐怖は，それが命を奪い人を不具するということにとどまるものではない．被害者が——生き残ったとして——その障害をもたらした者たちの生活形態に従うことを選ぶ機会をさえ，奪うということなのである．その狙いは犠牲者を破滅させるか，完全に操作することであるのだから，彼らの自律と人間性は無関係なものとして打ち棄てられているのである (Nagel, 1971-2, pp. 140-1)．状況の如何を問わず，こうしたことを同胞の人間にしでかすのは，最高度の道徳的不正である．[10]

---

10)　この補論は最近のイラクにおける戦争〔湾岸戦争〕の前に書かれたものであるが，それについてここで論じる紙幅はない．しかしながら，以下のことは指摘するにたる．すなわち，もし私たちが素描したような理由からその戦争が正当だったと主張されるの

第Ⅱ部　人間の必要の理論

なら，アメリカ合州国の外交政策は同様の理由から——おのれの利益に供するための他の国民国家の国内事情への持続的かつ反道徳的な干渉〔として〕——弾劾に値するということになるに違いない．唯一望み得るのは，戦争の成功，そしてそれをめぐる道徳的な議論によって，将来にこのようなことが一層起こりにくくなるということだけである．

第7章　理論における必要充足最適化

　必要充足の最適化が優先されるべきだという一般的な合意が一社会の内部に存在すると想定するとしても，私たちはまだ相対主義の森を抜け出たわけではない．この目標がどの戦略によってもっともよく達成されるのか，そして／または，それが他の目的や信念と調停され得るのかどうかについては，ほとんど一致がないかもしれないのである．人間の歴史は多くの生産，再生産，コミュニケーション，統治のパターンを作り出してきたのであって，その多様さゆえに，最終目標について一致がある場合でさえ，適切な社会的配置についての見解はしばしば紛糾するであろう．一方で，現代の理論的実践的理解の幅広さによって可能になるような本当の選択肢に即して，最適化が帰結するものを判断せねばならない．ヘーゲルは少なくともミネルヴァのふくろうが前に向かって飛ぼうとするときでも一貫して後ろを振り返らなければならない限りでは正しかった．しかし他方で，そんな選択が実践において何を帰結するのかについて——そうした選択が体現する目的を達成するために特に何がなされねばならないのかについて，根本的な不一致があるかもしれないのである．これには，三つの理由がある．

　第一に，特定の技術の有効性について異議が上がるかもしれない．最適な健康を維持するための栄養補給への必要があるとして，どんな種類の食物がぴったり望みにかなうか．あるいは特定の技能における能力を最適な水準まで伸ばすためには専門的教育への必要が満たされねばならないが，それを教えるのにもっともうまくいくアプローチは何か．何が科学的技術的に正しく，何が正しくないのかというそのこと自体が議論の問題でありうる．科学に基づく技術には議論の余地なく機能するものもあり，それらは基礎的な必要充足の追求に役立ち，他のものより効果的である．しかし，他の技術——たと

えば，遺伝子工学と結びついているもの——は，この点では一層不確実であり，その解放への潜在力の有無が理解されるためにはさらなる議論を要するものである（Yoxen, 1983, ch. 5）．このように評価という問題は，ある技術の実践的有効性についての問題から，それがいかに設計されるべきか，それがどれほど集中的に採用されるべきか，誰がそれを統制するべきか，……などなどの問題へと移行する．この種の理解——技術的影響というよりは人間的社会的インパクトについてのそれ——なしには，その技術の使用価値は実現されないか流用されることになるだろう[1]．

第二に，社会政策，すなわち最適な必要充足への適切な社会政策については激しい議論がたたかわされている．例には次のようなものがある．予防的健康政策対治療的健康政策の各々の役割，教育の内容と過程，社会保障は普遍的なものか選択的のものか，所得と富の再分配の手法，土地改革，その他無数の諸論点である．ここでも，議論の余地なく機能する社会政策と相当に異論のあるような社会政策とが大まかに区別できるであろう．前者の一例は，英国のすべての能力を持つ子どもたちが読み書きできるよう教育する政策であろう．後者を例示するのは，環境規制のために採用されるべき法的強制の量である．もちろん，必要充足の最適化への戦略が激しい論争の的になるときでさえ，関与している人はその議論はするに値するということ，選好の域を超越した，正しい解決，正しくない解決という語り方は意味を成しているということを信じているはずである．しかし，この事実を心に刻むだけでは，そのような議論を解決することにも，合理的な解決が可能であることを論証することにも，ほとんど何の助けにもならない．

そして第三に，仮にこれらの問題を解く方法についての合意が形作られて

---

[1] そのような科学・技術の「使用／濫用」モデルに反対する者もある．科学・技術は，それらがその内部で発展を遂げた搾取的な社会関係に根ざしているのだから，真に解放的な目的のために充てられるということは絶対ありえないというのである（RSJ Collective, 1981, pp. 38-44.）．その機構はおそらくきわめて疑わしい社会関係——家父長制，奴隷制——を背景にして発展したのだろう．ことによったらそうかもしれないが，誰がかまうものか．

第7章 理論における必要充足最適化

きたとしても，資源の制約という背景のもとで必要充足を最適化するとは何を意味するのかについて別のディレンマが残るであろう（Nevitt, 1977）．行き渡る必要があることに疑問の余地ないものが端的に十分にないときは，政治の積年の問題が回帰する．すなわち誰が何を得るのか（*cui bono*）という問題である．したがって，技術や文化的慣習にも万人にとって役立つものがあることは認められるかもしれないが，特定の集団にしか関係ないものもあるであろう（たとえば，幼児向け教育技法や高齢者向けの特別の住設備）．どの集団が何を得るのかという論争はいかにして解決されるのか．私たちがミクロ水準の資源の割り当てを吟味し，引き続く不可避の利害対立を認識するとき，同じ論争は個人〔間レベル〕に移転する．もっとも劇的な事例のいくつかは明らかに医学の領域で見られるものである．つまり，救命治療の配分について決定がなされなければならない場合である（Bell and Mendus, 1988, chs 2-5; cf. Daniels, 1985, chs 1-2）．同じくマクロ水準では，立法のプログラムにおいてどのタイプの必要充足——環境の改善，よりよい保健サービス，それとも改善された教育サービスに優先順位が与えられるべきかについて不一致があるかもしれない．利害対立は各々自身の道徳的，政治的，職業的な優先順位付けを有する個人からなる公式・非公式の〔複数の〕ロビー団体という形で表れるだろう．

　この種の論争に直面したとき，必要充足の最適化という目標は道徳的実践的な不確定性という深刻な問題に直面する．多くの実例においては，正しい答えとは何か，一つの正しい答えという言い方が何を意味するのかは，明確ではないだろう（Doyal, 1990, pp. 1-16）．そのような不確定性のさらなる次元は，私たちが打ち出した議論との関連において必要充足の最適化のために何がなされるべきか，ということと，特定の政治的経済的現実に即して何ができるのか，ということとの関係である．例にもれず，「べし」は「できる」を含意する〔ある行為が義務であるためにはそれは〔実行〕可能でなければならない〕．しかしながら，この句の「できる」については異論の余地があり，また〔将来も〕常にそうであろう．たとえば，一つの未決の〔あらかじめ確定

的な答えを与えられない〕問題は，すでに特権をもっている人々が進んで民主的に〔自らの〕選好よりも〔他者の〕必要の充足を先に置くのはいかほどか，そして貧者の権利の名において強制的にそうさせれば〔持てる者たちの〕自律を減少させることになるが，そのことはどの程度までなら道徳的に許容可能かという問題である．いくつかの状況（たとえば，人種差別的言動に対する立法）においてはひょっとしたら一般の合意が存在するかもしれない．他の状況（たとえば，雇用における，積極的差別を行うクォータ制）においては合意はないかもしれない．これまで私たちが述べたことのうちには，そのような特定の論争や問題がいかにして解決されるべきかということを指し示すものはまったくなかった．本章では，二つの問題に注意を向けることを通じて解決に向けて努力する．

第一のものはコミュニケーションにかかわる問題である．考慮中の必要充足という問題に対してもっとも合理的で有効な解決策をもっとも生み出しやすそうな討議から出てきた政策が採用されるということ，このことを確かなものとするために何がなされうるか．しばしば望みうる最善のものは，確実性ではない．可能な限りオープンかつ批判的なコミュニケーションの中からその答えが出てきたと分かっている，ということである．達せられる決定は可能な限り多くの異議申し立て者の利益に供すると称する妥協になると見込まれるので，このことは特に重要である．必要充足に関する論争の合理性を最適化できる手続き——不一致の背景のもとで何らかの形の合意が客観的に受容可能であることを証明する手続き——がみつからない限り，私たちは再び相対主義的疑いに直面することになるだろう．

第二に，個人の自律や平等を強調するのであれば，政策に関する議論が追求される場となるような何らかの形の政治的民主制を引き受けることになるということを認めるとして，それはどんな形をとるべきか．強力な集権的民主主義国家の方向に向かうのならば，個人の自律を損なう危険を冒すことになる．権威主義的国家の官僚制によって機械的な仕方で執行される場合には，自由への脅威をもってなされねばならない政策的決定の多くについての道徳

的不確定性と,「必要充足の,厳密な最終的優先順位」はブレイブルックいうところの「役割関係的な予防的優先順位 (role relative precautionary priority)」に実際は譲歩しなければならないと彼が論じるわけは明瞭であることを考え合わせよ.ここで多様な社会的文化的まとまりは,どの充足手段が彼らの必要にはもっともふさわしいのか,そして不一致および/あるいは資源の制約がある場合にはいずれが優先されるか,について発言権を持つべきである (Braybrooke, 1987, ch. 6). またさもなければ,民主主義的多数派は協力しないかもしれない.逆に,完全に分権化された民主制という反対の方向に進むのならば,やはり必要充足最適化に要求される効率性や長期的計画性というものにとって同じ危険を冒すことになるように思われる.

明らかに,この二つの原理の何らかの組み合わせが必要なのである.もし優先度の原理があまりに役割関係的かつ慎重なものとなるなら,必要は選好へと成り果てるのであって,これまでに選好概念から出てくるのをみてきたすべての難点がそれに随伴することになる.要するに先の問題に対して一般化可能な答えがみつからない限りは,必要充足の最適化どころか,いかなる改善へのプログラムの客観的基礎も疑いにさらされることになるのである.人間解放は人心を惹き付けるが空想的な夢幻に留まるであろう.

私たちの見解では,ハーバマスとロールズはこれらの難点を解決する上でもっとも有望な作品を著した二人である.彼らの著作は,影響力があるとともに論議を呼んだものでもあったし,しかも客観的普遍的な人間の必要という概念を理論的パースペクティヴに組み込んでいる.私たちの概念も彼らの概念から影響を受けたものである.二人とも,個人の権利の概念を,ハーバマスは「一般化可能な利益」と呼ぶもの,ロールズは「基本財」と呼ぶもののうちに基づかせている.その上,二人は自分たちの善のヴィジョンが政治的実際に手がかりを持つことに関心を寄せてもいるのである.そのことは,ハーバマスは政治的討議の合理性に,ロールズは政治的構成形態の合憲性に焦点を当てるということとともに打ち出されている.この章では,二人の考えの一部を取り上げて輪郭を手短に描き,必要充足の道徳的政治的追求の持

つ現代的重要性を論証するという目的をもって，批判を加えることにする．

7.1　ハーバマスと合理的コミュニケーション

　フランクフルト学派の伝統の内部で作業しつつ，ハーバマスはマルクス主義内部の理性と道徳の間の緊張を鋭く意識している．そこでの目的は，まったく新規の，〔大文字の〕啓蒙という錆び付いたブルジョワ的目標に汚染されていない社会秩序を創設するということである（Roderick, 1986, pp. 41–50）．ところがなんということか，そのような野心はまさしくその〔啓蒙という〕目標に言及することなくしては正当化されえないのである．結果，ハーバマスは体制変革よりも，改革というアジェンダの不可避性を受けいれる．その改革は「一般化可能な利益」の最適化という目標を目指すものである．原理上，そのような利益が明らかになるのは次のような問いに対する答えによってである．

　　任意の生産諸力の発展段階において，ある社会体制の成員たちは，自分の社会の機能的命法および限界条件についての適切な知識をもって，討議的意思形成を通じた社会的言説の機構について決定できかつ実際にするのだとしたら，……〔中略〕……自分たちの必要というものを，集合的かつ拘束力を持つものとしては，いかに解釈したことであろうか（Habermas, 1976, p. 113）．

ゆえに，そのような利益を満たすためにもっとも有効な政策を決定できる手がかりとなるような原理を確立する，ということが理性の課題となるのである．
　そのような問題を取り込んで格闘してきた二つの知的伝統が存在するが，両方ともに本質的な欠陥があるとハーバマスは論じる．第一は，ウェーバー

第7章　理論における必要充足最適化

に由来するもので，資本主義の組織的経営的構造と同一視されてきたものである．ここでは，理性はせいぜい集団的効率性を最大化するように人間を操作する能力に変換される．一方でそれは，人間の自由を制限し，創造的潜勢力を歪曲するものでもある．ハーバマスによれば，そのような変換は権力者の価値の教条主義的な押し付けに堕落する，という．社会政策の考案には人間的価値が不可避的にからんでいるのだから，そして理性と道具性とを等置するのであれば「価値は原理的に討論の範囲外である」ということになってしまうのだから，「集合的な価値体系は，公共の場所で遂行される啓発された討論という手段によっては決して到達されえない」ということになる (Habermas, 1974, p. 271)．しかし，人間というものは，自分の社会環境にインフォームド・コンセントなしに生まれ落ちるものだが，そうした社会環境から自由に対して課された恣意的制約を超越することが人間に可能になるのは，まさしくそんな討論によってなのだ．

それにかわって，マルクス主義は教条主義的に理性を労働者階級の利益と等置する．労働者階級は歴史の進歩的諸力を具現化したものとみなされるのである．しかし労働者人民は多くのマルクス主義者の千年王国的な目的を達成する潜勢力を集団としてはほとんど示してこなかったのであり，せいぜい資本主義の最悪の行き過ぎに対する効果的な反対を提示することにおいて雑多な成績を残しているにすぎない．たしかに，彼らの名のもとに為されてきたことはしばしば政治的経済的失敗だったということになってきた．というのは，「社会のほかのセクターからの抗議への潜勢力と連結されない限り，そのような恵まれない人びとから起こる対立は実際には体制をまったく転覆しえない——彼らにできるのは正式な民主制とは相容れない鋭い反動を引き起こすことだけである」(Habermas, 1970b, pp. 109–10) という事実を無視していたからである．

このようなわけで，万人の利益に役立つことのできる効果的な民主主義的理性のモデルの探求において，ハーバマスはこれらの二つの伝統を退け，代わりに言語やコミュニケーションそれ自体の規範的構造に目を向けるのであ

る．彼は「理想的発話状況」を想像する．そこでは，コミュニケーションはイデオロギーの特定性から歪曲を受けず，一般化可能な利益が集合的に概念化されて効率的かつ合理的な仕方で追求される．彼が論じることは，そのような純粋な討議と討論のための条件が既存の社会構造のうちに実際に見出されるということではない．むしろ，そのような条件が存在しうると想定しないなら，探求と討論のまさしく理論的根拠そのものが一挙に無効となる，ということなのである．

> 相互理解の間主観性がいかに変形されようとも，理想的発話状況という意匠は必ず潜在的発話の構造に暗示されている．というのは，すべての発話は，意図的欺瞞でさえも，……〔中略〕……真理の観念に方向付けられているからである．理想的発話状況の構成への手段に習熟する限りで，私たちは真理，自由，正義の観念を把握できるのである（Habermas, 1970a, p. 372）．

この構成の規範的構造はコミュニケーションをとろうという誠実な努力のうちに暗示されているとみられる．明示的にされるならば，それは議論がもっとも実りある，合理的かつ民主的なものとなりうる条件を規定する語用論的規則から成り立っている．

　私たちの目的のためには三つのそのような規則が，必要充足の最適化がいかに行われるべきかを定める上で特に重要である．第一に，彼らが解決しようとするのがいかなる問題であれ，その問題から起こる技術的問題に関する入手可能な最良の理解を全参加者がもつべきである．ハーバマスの論じるところでは，すべての人間は，有意義とみなされる予測可能な結果を念頭において世界ないし社会に干渉する力をもつということに，議論の余地のない「認知的利益」をもつ．そのような道具的支配は「経験的知識に基づく技術的規則に統御されている．あらゆる事例において，それらの規則は，物理的であれ社会的であれ観察可能な出来事についての条件的な予測を含意してい

る．これらの予測については正しかったか間違っていたかということが〔事後的に〕いえる」(Habermas, 1970b, pp. 91-2)．今や自然科学と技術，その程度は劣るものの，社会科学や行動科学にも，この種の知識の膨大な蓄積がある．もし必要充足の最適化に関する問題への解決にそうした「技術的理解」が必要なら，問題解決にあたる人は目下の課題に関連する，入手可能な最良の法則的事実的知識を利用できるようになっていなければならない．

　第二に，もしそのような知識に関する論争が必要充足の最適化に対して脅威になるのなら，その合理的解決には特定の方法論的技能とコミュニケーション的技能とが必要となるだろう．一方で，受けいれられた経験的評価の原理——たとえば，比較試験の方法論——は重要であろう．他方で，そのような方法を効果的に適用し，結果を検討する上では，コミュニケーション的技能すなわちハーバマスのいう「解釈学的理解〔力〕」が必要となるだろう．それは，「さまざまな個人・集団の間の相互理解だけでなく，文化的伝統の内部で可能的な個人と集団の行為教導的な自己理解を可能な限り」(Habermas, 1971, p. 176.) 保障するものである．何らかの社会活動に参加する限りで，私たちはまたそのような「実践的」理解をもたねばならないのであり，ハーバマスは，上首尾なコミュニケーションのためには固守されねばならないさらなる一群の語用論的規則——解釈学的方法——の輪郭を描いている．これらには，了解可能な仕方で真実を告げること，しかも信頼と少なくとも合意の見込みを生み出すようなしかたでそうすること，の重要性が含まれる(Roderick, 1986, pp. 73-105)．

　第三に，改善された技術的実践的理解——ということは，必要充足の最適化の可能性——へと導くよう意図されたコミュニケーションは可能なかぎり民主的でなければならない．自然・社会科学の複雑性と〔対象〕範囲を考えると，関連知識をもつ者がそのような必要充足の最適化がいかに達成されるべきかについての討議に寄与できるのでなくてはならない．上首尾な民主的討論は，討論の方向，内容，長さに不当な制約を課す「専門家」を含む利権団体に牛耳られているならば不可能であろう．マッカーシーはハーバマス

〔の説〕を次のように要約する．「コミュニケーションの合意基盤は，たとえば，役割や地位ゆえにその権利がないとか，その行為が受けいれられた規範や慣習に反しているとかの根拠で，一関係者の……〔中略〕……発話行為を遂行する権利が疑義にさらされるのなら，妨げられる．」(McCarthy, 1978, p. 289)．したがって，必要充足最適化に関する社会政策内部での討論の規範的構造というものは，正確な技術的情報および方法論的ノウハウの入手可能性とまったく同程度に重要なのである．

そのような討論の参加者が先述の基準に適合する限りで，ハーバマスは最適化に関する問題へのもっとも合理的な解決とは，もっとも幅広い合意を達成したそれであろうと主張する[2]．まさしく，彼は真理それ自体をそのような意見の一致と等置しているのである．「私たちが真理を帰属させる〔真とみなす〕のは，次のような言明に対してだけである．すなわち，すべての責任ある主体が，無制限・無制約のコミュニケーションにおいて十分時間をとって自分の意見を吟味できたのでさえあれば同意するだろう……〔中略〕……言明である」(McCarthy, 1978, pp. 419-20 における引用)．しかしながら，次のように論じる批評家もいる．そのような合理的討論観は度し難く理想主義的である．なぜなら，既知のすべての発話状況は権力の恣意と資源の制約に

---

2) アローの不可能性定理によれば，合理性と民主主義とのそのような調和の可能性はまずありそうもない（Arrow, 1963）．しかしながら，彼の定理が突きつけるように見える問題は，焦点がひとたび選好から必要へと移れば，解け始める．第一に，セン（Sen, 1984, pp. 421-2）が論じるように，彼の結論は，社会状態についての非主観的情報の排除を含む，きわめて厳しい情報の制限に依存する．共通の人間の必要〔の存在〕がいったん認められたら，そのような制限の不可避性は弱まり始める．第二に，ミラー（Miller, 1989, p. 299, fn. 3）が論じるように，「対話的形態の民主主義」によってその参加者は――誠実さを想定するとして――差異を解消するひとつの適切な形式上の方法を選択でき，したがって選好を総計する方法の対立から生じる不確定性を回避することができるだろう．また，このことは熟議の焦点がそのような選好の比較考量以上のものに当てられているときに限って，そうであろう．したがって，客観的な人間の必要の理論が先に是認されたコミュニケーションのモデルと連結されて，合理性と民主主義を調停させる途上にアローの定理によって置かれることになった概念的障壁を克服するのに貢献できることは明らかである．また，Pettit（1980, pp. 145-7）もみよ．

左右されているのだから,と(Lukes, 1982, pp. 134-48; cf. Keat, 1981, pp. 180-90).

　ハーバマスの応答——それに私たちは賛成なのだが——はこうだ．確かに自分のヴィジョンは反事実的なものであって，実際に成り立っている事態というよりは政治的目標を構成するものである．にもかかわらず，このように理想化された規範的構造は，日常の私的公的コミュニケーションの「生活世界」と彼が呼ぶものの中で現に行われている通常の議論の方法と内容のうちに潜在しているのである．そのような通常の言説のうちに暗示されている「いくぶん拡散した……〔中略〕……疑問の余地のない背景的確信」は，彼の理想に適合する批判的コミュニケーションを通じて明白にされる程度に応じて「合理的」なものとなる．このようにしてのみ，必要充足に関する技術的実践的問題への解決に対して文化的伝統の内部に根ざした特定の信念が持つ関連性を人は正しく熟考できるのである (Habermas, 1981a, p. 70; cf. White, 1988, pp. 92-103).

　最善の場合，専門家同士の制度化された討論は，考えと議論とを集合的な評価に曝すことへのコミットメントからその活力を得ている．この集合的評価とは事実的な誤りや論理的不整合を取り除くよう設計されたものである．医療における，臨床監査や適切に運営されている事例検討会は好例である．その他の人間の理解の視野を広げようとする試みの成功は，「コミュニケーション的能力」を発達させる——「真理，自由そして正義」へと方向付けられた社会的相互作用や言説の規則を身に付ける——探求にかかっているだろう (Habermas, 1970a, p. 372). この能力のうちには，議論にも比較的合理的なものがあるという信念およびどれがそれかを知る概念的方法論的能力とがともに含まれている．したがって，政治過程を支配する上での理性の潜在能力は，ハーバマスがルソーと共有する道徳的ヴィジョンと結び付いているのである．そのヴィジョンとは，普通の人びとの〔有する〕基本的な善性および諸潜在力，すなわち，調和を保ちながらともに暮らし，働き，創造し，コミュニケーションをとる，また，平和的に実践理性を用いて紛争を解決する，

そして，自分たちの必要充足を最適化する，潜在力への信頼である．

それでも，その楽観主義にもかかわらず，ハーバマスは自分の人間解放のヴィジョンと実在の社会の現実とを一致させることの困難を鋭く意識している．ハーバマスの論じるところでは，日常の行為のドラマと相互作用が生じる場である生活世界は資本主義企業と国家の組織的・道具的合理性によって「植民地化」——非人間化，細分化——されてきた（Roderick, 1986, pp. 134-5.）．解放闘争の仕事は，虚偽のイデオロギー的信念を剥ぎ取ることである．すなわち，個人および集団にとって達成しようと試みても無理なことは何かについての信念，資本主義の内部での日常生活の断片化を自然なものと定義すること，そして資本主義そのものが社会進歩と等しいとみること，へと人々を導く，そうした信念を剥ぎ取るということである．個人の場合，ハーバマスはそのような闘争をフロイトの療法と精神分析に結びつける．集団については，マルクスおよびマルクス主義の経済的政治的分析が似たような役割を果たす．両方の分析体系の批判的性格が重要である．「自己反省において，知識のための知識は自律と責任の関心と一致してくる．というのも，反省の追求はみずからを解放運動と自認しているからである」（Habermas, 1971, pp. 197-8）．近年のロシア・東欧での出来事によってそのような反省の成果とその批判的焦点が資本主義の制度をどれほど超えるかが明らかになっている．

より特定していえば，専門家の成文化された知識は合理化された生活世界——普通の市民がそのような自己反省を通じて発達させた「経験に基づけられた知識」——と突合せられなければならない．さもなければ，受益団体の権力は野放しになるだろう——彼らの生活世界の経験は単に彼らの偏見を強化するような仕方で物象化されるだろう．これは特に福祉国家においていえる．その規則と適法性はしばしば福祉の受け手の経験から分離するのである．ホワイトによると，ハーバマスの論じるところでは，この「法化」とは

　　福祉の受け手の生活世界の客観的な再定義であり，……〔中略〕……日

常の生活状況のたえざる「強制的抽象」の過程を必要とする．これは単に，日常の状況が法的カテゴリーに包摂可能となるための認知上の必然性なのではない．そうではなく，行政的支配の行使が可能となるための実践的な必然性なのである．したがって，法化は生活世界に物象化の影響力を及ぼすのである．それは，新たに再定義された生活のカテゴリーに〔ついて任に当たる〕ソーシャルワーカーその他の管理者の専門技能を求める声の増大とあいまって，知らぬ間に拡大する依存の領域を産み出す．この領域には……〔中略〕……身体的健康や精神的健康および福祉だけでなく，家族関係，教育，老いを私たちが定義する仕方が含まれるようになる（White, 1988, p. 113）．

　しかし，ハーバマスが決して適切な解決を与えられてこなかったある問題に直面するのは，この時点においてである．〔仮に〕誤って専門家に置く信頼のために，それほど多数の人びとの意識がすでにそれほど歪曲されている——医療はまたもやもう一つの好例である——のだとしても，人びとがそれとは違ったように行為する力と理解〔力〕，自信をいかにして獲得すると考えられるのかは明らかではない．ハーバマスは進歩的変化の媒介者を，道具的理性による腐敗に抵抗してきたと彼が信じる集団に求める．こうした集団のうち，これまででもっとも重要なのは，何よりも公共的言説の家父長的植民地化に対する攻撃によってよく知られた女性運動である（Habermas, 1981b）．しかし，そのような革新的団体の政治力の欠如や既存の制度的コミュニケーションの経路を押さえた既得権益層の影響力の存続ということを踏まえると，必要充足の最適化への実行可能な政治的プログラムはどのような姿をとることになるのだろうか．
　このことを克服するためのハーバマスの明示的な勧告がいかに曖昧であろうとも，彼のメッセージは，少なくとも私たち自身の議論に影響するものとしては，十分明瞭である．基礎的必要充足の最適化ということが有意味かつ民主的に協議される——解放が一つの実践命題となり始める——ためには，

諸個人はともにその達成のために働くのに十分な自律と健康と権利とを有さねばならない[3]．すなわち，これらの権利と必要充足が，現実に可能な限りで，どのように保障されるのかを定める社会制度が必要なのである．今日の世界でもっとも強力な経済的権力——資本主義と国家社会主義——が，この視点からは双方とも問題含みのものとみえてきたことによって，国家と諸個人との立憲的な関係をこれらの目的を念頭において再考する重要性はいよいよ裏付けられるばかりである．競争的資本主義の内部においては，どれほど市民的自由に強調がおかれようとも，基本的必要充足の不平等は他の市民よりも労せずして有利な位置を占める市民がいる，ということを意味する．逆に，国家社会主義もしくはその遺物の下では，個人は基本的必要充足への形式的権利を持つが，市民的自由の欠如によって，中央集権的計画経済が財を配給するうえで直面する困難が悪化している．確かに，双方の政治的伝統の最良のもののなんらかの合成は可能に違いない．しかし，それはどのような姿をとるのだろうか．

---

3) 私たちはハーバマスの合理的民主的な討議の理論と私たちのいう最適化された必要充足との間のつながりについて論じてきたのだが，ホワイトはこのつながりを斥ける．彼が「生物学的必要」と呼ぶものに焦点をあわせて，そのような討議において改善について語ろうとすることが，文化をまたいだその必要充足の普遍化可能な改善につながるということを彼は却下するのである．そうすることは，異なった文化内で必要が概念化され順位付けされる仕方の重要な差異を踏み越えることなのだ（White, 1988, pp. 69-73）．この見解について私たちはすでに評価を下した．強力な搾取集団の構成員同士がコミュニケーションをとるのにハーバマスの略述する路線に一層沿うことにするならば，自分たちの利益を明確化でき，その集団の行動が一層効果的になるであろうことは疑いない．けれども，一貫性を保つためには，解放について，そしてそれがもたらし得る全員にとっての選択肢の拡大について語る場合，彼は共通の利益・必要の理論に依拠しなければならないはずである．彼は必ずしも常にそうするとは限らない——この点についてホワイトは正しい——としても，同じような誤りの例はマルクスも含まれなものではない．ポストモダニズムの相対主義に対するハーバマス自身からの最近の攻撃のいくつかはこの点を裏付けるのに役立つ（Habermas, 1988）．

7.2 ロールズ，正義そして最適な必要充足

　必要なのは，積極的権利と消極的権利の両方を組み込んだ正義の理論である．これは実践的に実行可能で，かつ個人利益の追求と十分に調和して，それをもたらすために実質的な犠牲を払わねばならないかもしれない人に対して説得力のある，善のヴィジョンを提示しなければならない．ロールズはそのようなヴィジョンを『正義論』(1972)で構築しようと試みる．それは，膨大な量の批判的応答を呼び起こし，いく人もの同情的な注釈者によって洗練されてきたものである．

　彼は，相対主義的な正義の捉え方，特に功利主義と直観主義の攻撃から始める．前者は究極的には正義を集合的な幸福と等置し，結果として，私たちがすでに見た理由のために個人の権利を重大に受け止めることができない．後者は，道徳性は客観的であると主張するが，その唯一の正しい源は既得権に曇らされていない人間の直観であるとする．もしその個人が〔マハトマ・〕ガンディー〔1869-1948〕であるというなら，これは理にかなったものともみえようが，ポル・ポト〔-1998〕だというなら危ぶまれる．これらの代わりにロールズは，正義についての判断は理性と普遍性とに立脚しなければならないと論じ，ここで要される仕方で積極的権利と消極的権利とを組み込んだ，一定の幅の立憲的原理の真なることを論証しようと試みる (Rawls, 1972, pp. 22-40)．そうすることにおいて，彼はハーバマスのものと似通った合理性の理論を採用する．

　17世紀および18世紀の社会契約論の伝統を復活させて，「権利，自由，機会と権力，所得と富」から成る「基本財」の供給にかんする，一定の幅の諸個人間での仮想的協議を思い描くことからロールズは始める (Rawls, 1972, pp. 92-3)．これらは，生活のプランを立て，それに基づいて首尾よく行動するために必要な自由，財，サービスである．ロールズの想定するに，

一方で，この「原初状態」の参加者の全員は，自然的・社会的世界についての基本的理解を共有している．たとえば，彼らはハーバマスのいう意味での正確な技術的・実践的技能を有するであろう．それには，経済的制度と心理的動機についての識別力も含まれる．それにもかかわらず，他方では，全参加者は自分自身の特定の状況——彼らは誰なのか，いかにして生計を立てるのか，どれほどの富を所持するのか，家族的背景はどうか，などなど——についてまったく知識を持たないという点で「無知のヴェール」の下にある (Rawls, 1972, p. 19; Lessnoff, 1986, ch. 7)．

　原初状態の参加者が承知しているのは，合意の後，自分たちが暮らしていかなければならないことになる社会の積極的権利と消極的権利とを定める立憲的原理を特定しなければならないということである．決定に参加する一座の誰も集団的決定がなされた後に，どういう暮らしになる——どれほどの地位と特権を持つ，社会的役割を占めることになる——かについては知らない．ということは，ハーバマスのように，ロールズは合理的熟慮に対して既得権が提示する脅威を取り除く——協議の過程から「その偶有性のために人々を不和にし，偏見によって人々が導かれることを許すような知識」を排除する——ことを切望しているのである (Rawls, 1972, p. 19)．このことは，決定される事項がその後その政体の中で個人の行為を制約することになる規則ほどに重要であれば特に当てはまる．

　こうした状況下で，主観的自己利益に対立するものとしての合理的利益は，審判の日に参加者が占めることになる場所とは無関係に，人生の計画を定義し追求する個人の能力を最大化するであろう体系を命じるとロールズは論じる．その状況は，ケーキを切り分けるよう言われた子どもが，公平になるように，その子自身は前もってどの一切れをとることになるかを知らされないようにとりはからわれるという工夫に似ている．ロールズは，そのような状況においては，合理的な参加者は，もっとも暮らし向きの悪い集団に結局属するという結果になった場合の自らを守ることに意を用いるだろうと主張する．したがって，原初状態で取り決められる立憲的原理はこのもっとも恵ま

れない集団が常に最適化されるように取り計らうことによる「マクシミン」基準を備えることになるだろう．そこで，そのような二つの原理が出てくるように思われる．第一は「基礎的権利と自由」にかかわるもので，第二は「経済的および社会的利益」に関係するものである（Rawls, 1972, p. 63）．

原初状態にある者たちが合意するであろう第一のものは，民主的な政治組織の様態を確保するために彼らの権利と自由とが護られるべきだということである．これらの権利とは，

> おおまかにいって，政治的自由（投票する権利および公共の仕事に適格である権利）ならびに言論と集会の自由．良心の自由と思想の自由．（個人の）財産を保持する権利を伴った身柄の自由．そして，法の支配の概念によって定義されるような，恣意的な逮捕および没収からの自由．これらの自由はすべて第一原理によって平等であるよう要請される．なぜなら正義にかなった社会の市民は同じ基本権を持つべきだからである（Rawls, 1972, p. 61）．

そのような自由の擁護を通じてのみ，原初状態の内部で協議を行う者たちは，もし後になって自分たちには権力も資源もないということになっても，自分自身の自由と尊厳は，何らかの理由によってそれらを豊富に持つ他者によって粗略に扱われないということを確保できるのである．別様にいえば，個人の権利の侵害とみられるものは公共的討論にかけられるであろうし，同時にハーバマスの〔主張する〕民主制のコミュニケーション上のその他の利点も保持されるのである．

第二原理は，二つの下位原理に分割される．一つめは社会的不平等に関係するもので，二つめは機会の平等に関するものである．前者についてロールズは，意思決定のマクシミンモデルは彼のいう「格差原理」に導くと論じる．それは，社会的不平等が合理的に許容されるのは，その不平等がもっとも暮らし向きの悪い層を益する場合に限られるというものである．たとえば，10

人が10単位の物品を生産し,それを自分たちの間で平等に分配するのだとしよう.今,その人たちのうちで5人が,より高い所得に応じて,より要求度の高い労働に従事し,余分に5単位の物品を生産することに合意し,合計が全部で15単位になるのだとする.その5人が報酬として余分の4単位より多くは受け取らない限りは,残りの5人に対して何がしかが残されることになる.新たな社会配置では所得の不平等の増大にもかかわらず,最初の5人の活動によって可能となった生産の増加は,残りの5人にとっての潜在的消費のより高い水準という結果をもたらしたわけである.ロールズの議論は,実際にもっとも暮らし向きが悪い層が,生産された余剰の増加分をできるだけ多く受け取るということを想定する.さらに一層彼らが利益を受けるであろう他の社会配置が存在せず,かつ原初状態にある人が有するとされる原初的属性のリストから羨望を取り除くなら,〔変更の〕後の事態のほうがそれ以前の事態よりより正義にかなっていると彼は主張する (Rawls, 1972, pp. 538-9).

そのように思考を進めるので,たとえばトーニーのような論者による平等主義をロールズは退けないのである.トーニーの主張は,過度の不平等によって個人の尊厳,自信,自律は許容できない程度まで減少することになる,というものである.たとえば,実際ロールズはこう論じるのだ.自尊心なしには,「何事も為すに足る価値をもつようにみえないかもしれない,あるいは,何らかの物事が私たちにとって価値を持つなら,それらの為に努力するという意思をもたないかもしれない.すべての欲求と活動は空虚で無益となり,私たちは無気力とシニシズムにおちいるのである.したがって,原初状態の一座はほとんどどんな費用を払ってでも,自尊心を傷つける社会条件を避けたいと願うだろう」(Rawls, 1972, p. 440).言い換えれば,重大な道徳的問題は単に不平等によって引き起こされる深刻な害についてのものではないのである.それはまたいかにしてこの危害を最小化し,一方で同時に他の型の深刻な危害を避けるために入手可能な財とサービスをいかにして最適化するか,にも関係するのである.このようなわけで,不平等は,もっとも暮ら

第 7 章　理論における必要充足最適化

し向きの悪い層の利益に——経済的誘因の存在からもたらされると思われる生産の増大を通じて——供すると示されうるかぎりで道徳的に擁護されうるわけである．

　立憲的協議の合理的な参加者は，社会的不平等の合法化に対するさらにもう一つの制約をも選択するだろう．ロールズは，不平等が経済的根拠に基づいて擁護される場合は，社会階層内の現在の位置がどこであろうと，もっとも望ましい位置を目指して競争するための平等な機会が全員になければならない，と主張する．このことは効率性と道徳性の両方の理由から重要である．平等な機会がなければ，その位置にもっともふさわしい資格を持つ人が必ずしもそれを獲得するとは限らないだろう——その結果としてもっとも暮らし向きの悪い層が潜在的に苦しむことになるであろうから，そのことは彼らの利益にはならない (Rawls, 1972, p. 303)．そして道徳性に関していえば，もっとも持たざる者が，実際にはその境遇に甘んじることにするのだとしても，それ以上試すという選択〔の余地〕を〔最初から〕持たないというのは不公正であろう．そのような選択〔の余地〕がなければ，彼らは「富や特権のような，職務の一定の報酬から締め出さ」れるばかりではなく，また「人間的善の主要な形態の一つである……〔中略〕……熟達を伴う献身的な義務の遂行から来る自己実現の経験を阻まれる」ことにもなるだろう (Rawls, 1972, p. 84)．

　基本財へのアクセスが最適化される程度は，前述の立憲的原理が固持される程度に依存するであろう．先に示唆したように，結果は古典的自由主義と社会主義の思考の双方の要素を組み合わせたものである．第一原理によって基本的な自由主義的自由が保障されるので，民主的な討論は自然的および社会的世界に対する理解の向上へつながり，集団的個人的選択肢の拡大という結果をもたらす，ということが確保される．実践上は，このことが意味するのは，たとえば西洋民主主義において達成され蓄積されてきた市民的・政治的権利の価値を承認するということである．たとえば，言論の自由への権利や集会の自由への権利，行政当局によって適正な裁判なしに投獄されたり残

酷で異常な処罰を加えられたりしない権利——これらはすべて米国権利章典のとりわけ中心的な項目なのであるが——を個人に付与しないということは，自分たちの帰属する政治体制がいずれであろうとも人間的開花を享受する能力を認めないということである．

格差原理の第一の部分は，市場が生産に対して有する可能性を認めるが，またそのような経済的理由によっては不平等の水準が端的に正当化されえないような点がやってくるということを論じもする．格差原理の道徳的味付けの社会主義的要素は，そのような正当化に対してその原理によって課される制約である．それは，この正当化がもっとも暮らし向きの悪い層にとっての基本財へのアクセスを最適化することに結び付けられるべきだということを主張することを通じた制約である．これらの見地から所得格差が現に支払われねばならない代償であるということが事実であったとして，もっとも平等主義的な産業社会に見られるような程度の不平等でさえ行き過ぎだということになるであろう．さらに，それを修正する結果として余剰が生じるが，それによってさらなる再分配のために入手可能な総量が増加するだろう．

機会の平等の原理もまた同様の立憲的・再分配的考慮点を組み合わせるものである．一方でそれは，機会に対する恣意的で偏った（たとえば，階級や人種ゆえの）制約を禁じる「純粋な手続き的正義」の手続きを帰結する．他方，それからは「同じような素質と動機を持った」者が大体同じ人生計画の選択を為し得るということを確保するに足るのに十分な基本財へのアクセスをあらゆる子どもがもつ，ということも導かれる（Rawls, 1972, pp. 83-90, 301）．言い換えるならば，機会の平等の原理は格差原理によって生み出された余剰量が適正に再分配されてきたかどうかということを見積もるための指針を与えてくれるのである．実際にはそのような分配は，すでに権力と特権をもつ地位にある者たちからの異議を受けるばかりではなく，費用もかかるような幅広い根底的な方策を帰結するであろう．その方策は 健康，教育，その他の福祉の資源の供給の増加から財産相続権の厳しい制限までのすべてに及ぶであろう．

自由主義の側面と社会主義の側面を兼備しようというロールズの試みは，彼の基本財の理論なしにはほとんど意味をなさないだろう．原初状態における協議参加者は，彼ら自身の個人的自己利害を結果的に最適化するように推論すると仮定される．だが，特定の人生計画を立ててそれにしたがって行動するためにすべての個人にとって前提条件となる財やサービスについての知識なしには，それは無理であろう．同じく，いったん機会の平等を結果の平等とも機会の形式的平等とも等置することを退けた（Dworkin, 1981, part 2）なら，これらの同じ前提条件についての理解なしには，実際に機会の平等を達成するとは何を意味するのかを知ることもできないであろう．しかし，基本財の重要性にもかかわらず，ロールズは自分が基本財に与える説明的な役割をそれが厳密にどんな仕方で果たすのかについてほとんど何も言っていないのである．彼は「希薄な」善の理論を採用する．それは善の理論が多様な善のヴィジョンの間で可能な限り中立的であることを望むからである．これらの多様な善のヴィジョンは，彼の支持する種類の立憲的民主制のもとで競合することが許されるとされる（Rawls, 1972, pp. 395-9）．しかしながら，多くの批判者が論じてきたように，このことが原初状態の参加者に課する無知は，自分たちが暮らし向きの良い層に入るだろうという希望を持って自分の未来を賭ける方が意味を成す，と彼らが判断するのも当然であるほど大きなものになるのである（Plant et al., 1980, pp. 126-31）．

7.3　ロールズの修正

　この問題を避けるために，ロールズはもっとも暮らし向きの悪い層が彼の計算ではそれでもなお個人として人間的開花を遂げられるのはなぜかを示さねばならない．このためには，大いに似通った目的を念頭において私たちがすでに練り上げた必要の理論が彼には必要となる．原初状態にある人が社会のサイコロが最終的に振られたときに彼らがどこにいることになろうとその

最善の利益に適う，ということが確実であるためには，原初状態にある人は，「最善の利益」を最適の健康と自律とに関係付けて定義しなければならないはずである．というのは，その二つが，もっと幸運であった人々と公正に競争するのに，または協同するのに必要だろうからである．自分が割り振られた以上には熱望しない人でさえも，それでもおそらくは自分の選択する物質的条件（material parameters）の中で，最大限に自分の人生を生きたいと願うであろう．[4)]要するに，ロールズの格差原理は拡張されて次のように述べるべきなのである．すなわち，不平等は，それが基本的必要充足の最適化のために必要な財とサービスの供給につながることを通じて，もっとも暮らし向きの悪い層に益する限りにおいてのみ許容される，ということである．[5)]

　必要充足の最適化は，第一原理によって不可侵とされる権利と自由の実際的な達成のための必要条件でもあろう．この点についてロールズ〔の見解〕ははっきりしない．一方で，彼は消極的自由に関わるものと捉えられた権利と自由の価値が，社会的経済的理由のためにそれを利用することのできない人にとっては，最小限のものになるだろうということを自分は理解していると表明する．たとえば，彼は「自由の価値は誰にとっても同じではない．あるものはより大きな権威と富を持つのであって，したがって自分の目的を達成するためのより大きな手段を持つ．」と論じているのである（Rawls, 1972, pp. 204-5.）．他方で彼は，第一原理は第二原理に対して辞書的優先性をもつべきだとも主張する．実際，後年の論文においては，社会的経済的供給の問題は，まったく立憲的協議の主題とされるべきではないと主張しているのだ（Rawls, 1982, p. 52）．

---

4) ロールズの原初状態の概念化に暗黙のうちに含まれているように思われる個人主義は数々の著述家から批判を受けてきた．有益な要約としては，Pogge（1989, ch. 2）; Kukathas and Pettit（1990, ch. 6）を見よ．

5) ポッゲ（Pogge, 1989, pp. 174-5）は同様にこう主張する．「指標的財の不平等は，機会の形式的平等および実際の機会のおおまかな平等（すなわち参加者は教育などのものに大体同等なアクセス権をもたねばならない）……〔中略〕……という条件を必要とするのであって，格差原理に統轄されるものである．

第7章　理論における必要充足最適化

あいにく，こうはいかない．ポッゲがたくみに述べているように，形式的な自由があっても極度に貧困な状況では，貧しい者は

> 多くの明白な仕方で，貧困のせいで不自由である．既存の根本規則は彼らが……〔中略〕……必要とするものの一部以上を獲得できるような法的経路をまったく与えてくれない．社会的基本財の取り扱いが適切な人間の必要の概念を反映すべきものであるなら，それは基本的な社会的経済的必要が現に人間生活において果たしている基礎的な役割を認めないわけにはいかない．しかし，基本的な（市民的政治的）権利と自由の優先を言い張るということはまったくそれを認めないということになるのである（Pogge, 1989, p. 133）．

その後に彼はこう論じる．

> であれば，第一原理は，実行可能なら，関連する社会システムに参加する正常な人間の持つ基本的な社会的・経済的必要を満たすのに十分な社会経済的財が制度的枠組によって全参加者に保障されるべきことを要求するのである．正常な人間が多様ならば，この――全員にとって同一の――最低限度は（正常な範囲内で）より大きな必要を十分満たすように定義される．そのように定義された基本的な社会的経済的必要を，私は社会システムの内の標準的基本社会経済的必要と呼ぶことにする（Pogge, 1989, p. 143）．

自身の「一般理論」の定式化においては，ロールズは過酷な欠乏状況においては彼の主要原理の両方を同じ優先度の水準におくことによって，この批判を回避する．ここでは「すべての社会的基本財は，これらの財のすべてまたはいくらかを不平等に配分することがもっとも不利な者の利益になるので

ない限りは，平等に配分されるべきである.」(Rawls, 1972, p. 303). これまでの私たちの分析は，彼の「特殊理論」における，辞書的に配列された諸原理がより豊かな経済環境に適用されたときに直面する難点を論証してきた. 経済的な成功の一般的指標が非総計化されるとき，積極的自由よりも消極的自由を優先させようとする試みは取り残された貧困のポケットの衝撃によって常に封じられるであろう.

したがって，これらの諸点に即して考えると，結果は本当は正義の二原理ではなく三つの構成要素から成る一つの原理である. 第一のものは，第6章で論じた種類の基本的必要充足への権利に関係するものである. それには市民的自由の保護が含まれる. それは市民的自由が自律の最適化に対してもつ影響との関連による. 第二のものは，そのような充足が最適化されるために必要ならいかなる不平等であれ道徳的に正当化するものである. そして改定された第一原理の影響によって機会の不平等がすでに取り除かれているであろうということを思い起すなら，第三原理は純粋に手続き的なものとなり，社会的不平等をもたらすことに対する法的制約を規定するものとなる. 私たちが積極的に支持するのはロールズのこの読みであり，これがこの先の諸章を特徴付けることになる.

そうすると，要約すれば，ロールズの社会契約の定式化は，新たな，正義にかなった立憲体制について起草者の間で生じたかもしれない現実の取り決めを表すものと受け取られるべきではないのである. むしろそれは，その議論とヴィジョンが現代の（たとえば福祉国家についての）政治的討論のかなりのものに暗示されている点で，ハーバマスの理想的発話状況に似ている. 積極的自由と消極的自由を統合する——原理的に経済的政治的過程への実効的参加が保障されうるということを確保する——唯一の道は，基本的必要充足の最適化を通じたものであろう. これが，第6章で導き出された最適な必要充足への道徳的権利が，公共的権威によって保障された立憲的権利へと翻訳されねばならない理由である. 要するに，古典的自由主義によって神聖視された個人の自由とは，しかるべき社会主義的霊感を受けた福祉国家の制度の

創設および／または成功と両立するし，真剣に受け止められるならば，それに依存するということが示されるのである．

　もちろん，すでに実際そうであるように，福祉の供給の細部とそれが特定の国民的・地域的環境に実行可能な形で打ち込まれうる実践的なレベルというものは，交渉と討論に開かれているだろう．ハーバマスとロールズは，そのようなレベルをアプリオリな土台に固定しようと試みはしない．二人は結果が合理的で正しくあるために則るべき一定の根本規則を主張するのである．そのことにおいて，二人は互いを補強しあっている．このことによって二人の道徳的ヴィジョンの実行可能性は強化され，個人の選好や相違性の余地は広く残されることになる．たとえば，経済発展が保健制度の改善より優先されるかもしれない状況もあるし，高等教育への間口が広がることより環境の方に注意を促したいというローカルな欲求というものもありうる．同様に，政府機構〔のあり方〕その他の政治過程の様相には多様性がありうる（Pogge, 1989, pp. 156-8）．

　もっとも暮らし向きが悪い層の必要充足の最適化のための経験的諸条件はしばしば未決の〔あらかじめ確定的な答えの与えられない〕問題であり，原理的にはこれらの〔選好や政府機構のあり方などについての〕選択肢のいずれもがロールズ的立憲体制のもとで可能である．しかしながら，協議において譲ることのできないものは，このようにして優先された，もっとも不利な人が必要の充足をみる不可譲の権利であり，私たちのいう基本的な必要充足がこの目的のために関連性を有するということなのである（Meyers, 1985, ch. 2）．先の章では，このことが善の追求という概念からいかに論理的に導かれるのかを私たちは示そうと試みたのだった．ロールズの一般理論は，これと部分的には類似の，しかし明白にはそれと示されていない必要理論に由来するものなのだが，ほぼ同一の目的を有するものと読むことができる（Pogge, 1989, pp. 39-43; cf. Kukathas and Pettit, 1990, pp. 69-73）．

7.4 ロールズ批判

ロールズの正義論に相当な強調をおくからといって，私たちは彼の見解に問題なしとするわけではない．実際，ここに至って批判的な文献は膨大なのであり，しかも重要な批判が政治的スペクトラムの両側から出てきているのである．

　左派においては，ミラーやマクファーソンのような注釈者が次のように論じてきた．ロールズの明細的な議論の多くから彼が引き出す結論のうちに暗示される社会の型も，その議論自体の多くも，あまりに密接に既存の資本主義の形態に結びついており，それによって希少性，生産および再分配に関して幅広い論点先取を犯している，と．社会的には，不平等が不可避の階級社会の存在を彼は端的に前提している．経済的には――競争と〔利潤追求への〕インセンティヴの美徳を宣言するので――彼が提出するのはよくて市場社会主義の一変種に過ぎない．人的費用と企業的経営的権力の集中は需要供給の法則というよりはむしろ資本主義経済という制度と関係があるのだが，ロールズの議論はそのことを無視している．この〔企業的経営的〕権力の範囲はこのようなものなので，資本主義的既得権益層がその富と特権の現実の侵犯を少しでも許容すると期待するのは不毛であると論じられる（MacPherson, 1973, pp. 89–90; cf. Miller, 1975, pp. 215–30）．

　そのような議論の問題は，それらもまた論点先取を犯しているということである．そうした議論は，よくて，先進資本主義国家群の内部で福祉国家が成し遂げてきた社会進歩の重要性を最低に見積もるものである．最悪の場合，社会主義下では希少性の問題や個人の自由の侵犯ははるかに少ないだろうという無根拠な主張とほとんど変わるところがない（Gutman, 1980, pp. 145–56; cf. Buchanan, 1982, pp. 128–32, 145–49）．これらの批判はいまや虚ろに響く．生産と分配の問題を解決する上での計画〔経済〕の寄与は，いまや第二世界

の多くによって疑問視されている．国有制や経済・政治システムの統制が民主主義の解放的潜勢力と両立する度合いについても同様の論争がある．これらの論争に関連して，1989 年と 1990 年の出来事は，第二次世界大戦以来の国際的社会主義の政治のうちでもっとも心弾む展開を構成している．ロシアの共産主義者でさえ自分たち自身の信念とロールズのものと似たような考えとの両立可能性を――不器用ながらも――喜んで探求するのならば，たしかに第一世界のロールズ批判者たちと同じものが予期できるだろう．

　マルクス主義的なロールズ批判者のうちには，機会の平等の達成のために必要な基本財への権利が存在しうるという彼の一般的な観念をも退ける者もある．権利の言説は法律中心主義的，強制的，個人主義的，の咎で告発されるのである．強制には官僚主義的／法的手続きが必要である．そういう手続きは個人の必要の多面性を顧みずに作動し，国家だけが強いることのできる制裁を必要とする可能性がある．――その国家とは資本主義の下では強制的になり，共産主義の下では余計物になるものといわれる．権利は現在の個人主義的，利己的，階級に取り憑かれた社会のための根本規則を形作るものなのだから，共産主義の下では存在理由を持たない．言い換えれば，立憲的権利は無益か，余計なもののいずれかと見られるのである（Campbell, 1983, ch. 2）．これらの批判にもまた欠陥がある．権利義務の強制は必ずしも制裁を含意しない．代替物には，教育，カウンセリング，その他の濫用防止に向けた方策がある．その上，政治的権威と成文化された規則というものはあらゆる社会を通じた普遍的な特徴である．善き生のさまざまな構想は常に豊富であろうし，それゆえ調停や仲裁が必要となるだろう．このことが，個人の自律の不正な蹂躙なしにもたらされるためには，何らかの意味での個人の権利の存在について成文化された認知が常に必要となる．

　とはいえ，すでに言及したような問題を別にしても，ロールズの説にはさらなる問題がある．ハーバマスと同じように，彼は政治戦略に関する問題についてはほとんど洞察を与えてくれないのである．さまざまな経済的，文化的，政治的環境において，彼の原理をいささかでも成功の望みをもって実行

するためには集団はどのように努力したらよいのだろうか．とはいえ，その答えがないとしても，ロールズの考えが必要志向の社会という目標を明らかにする助けになりうることははっきりしている．それは，個人の権利を真剣に受け止める実行可能などんな社会主義にとっても目標である．——健康で教育を受けた個人が，自分たち自身の面倒をみるために共闘し，人格としての創造的潜在力を公正に最適化するような仕方で競い合う，というヴィジョンである．

　右からロールズを批判する向きは，また違った攻撃を行うが，それは主に二つの構成要素から成っている．これらについては第一章で手短に紹介した．第一に——もっとも最近かつ首尾一貫してなされたのはノージックによってだが——個人の自律に対する敬意についての古典的自由主義的強調は，積極的権利論にきっと伴うことになる強制によって脅かされる，と論じられる．このことは事実である．というのも，個人が権利を持つとされる財とサービスとは必ずしも本人たちによって稼がれたものとは限らないし，誰かが負担せねばならないからである．権原は厳格であるゆえに〔それに見合うだけの確実性を欠いた〕慈善は除外されるのだから，残された唯一の可能性は何らかの形の課税である．しかし，課税された者は，〔税を〕支払うのを拒むという選択をしようとしてもそうはできない．これをノージックは消極的権利の不当な侵害であると論じる（Nozick, 1974, p. 174）．そして，ロールズの格差原理および機会均等原理の近似物が国家によって実施されるということには不可避的に同様の侵害が伴うのだから，正義の理論と称されるものはその正反対のものであると判明するというのである．

　第二の批判は，消極的権利よりも積極的権利を尊重することの費用に注意を促すという点で第一のものに関連している．結局のところ，言論の自由，プライバシー，財産の安全などなどへの個人の権利を顕揚することには費用はかからない，とその議論は進む．個人は単に自分自身の人生をやっていくべく放っておかれる必要があるのである．しかしながら，積極的権利——特にロールズが思い描いたような種類のそれ——が，同じような仕方で厳格な

義務と結びつくことはありえない．というのも，ここでの務めは差し控えることではなく提供することだからであり，しかも資源の制約によってこのことは不可能になるかもしれないからである．もしこの希少性の文脈において義務が実行不可能である，もしくは競合する主張の間で決定を下す明確な方法が存在しないのなら，そもそもその義務は見かけだけのものであったということになる（Cranston, 1973, pp. 66-7）．したがって，誰かが，たとえば，国家の経費を超えた教育や保険制度への権利を有する，という語り方は意味をなさない．また，ロールズが擁護する類の再分配政策に対する唯一の整合的な基礎は慈善であって立憲的改革ではない．

　これらの批判には両方とも欠陥がある．ノージックの議論はロック的な所有観〔J. Locke, 1632-1704 が『統治二論』で展開した，労働に基づく私的所有の正当化と，それに依拠する学説〕に基づいているが，それは本質的に個人主義的である．——あなたの労働の成果をどうするのか決める権利があるのは唯一あなただけである．しかし，生産というものは多くの人が労働を混ぜ合わせる社会的過程であるということがいったん認識されたのなら，個人において，所有に結びついた何らかの権利にのみ排他的に焦点を当てることはもはやできなくなるのである（MacPherson, 1962, ch. 5; cf. O'Neill, 1981, pp. 319-21）．したがって，生産に直接間接に責任のある人々の政治的代表が再分配的目標のための課税に同意するならば，ノージックからは文句の付けようがないのだ．その上，積極的権利・消極的権利は両方とも資源の支出を招くのであり，したがってこの点では区別できはしない．もし財産の保全の保護が重大に受け止められるべきならば，単に他者が差し控える義務を遂行するだろうという希望以上のものが必要となるだろう．たとえば，何らかの形態の警察・司法システムが必要となるだろう（Plant, 1986, pp. 36-8）．一層重要なことには，それは市民の間に強い道徳的互酬の感覚を必要とするであろう．しかし，そのような互酬が，自由を具体的に享受するための実質的な手段というより，自由についての自由至上主義的な決まり文句の域をほとんど出ないようなものであれば，持たざる側から忍耐するとの明言を取り付けられな

第Ⅱ部　人間の必要の理論

いとしてもおよそ驚くべきことではないだろう．

　ロールズに反対する先の議論が私たちの見解では根拠のないものだとしても，彼の仕事にはなお修正を要するいくつかの不適切な点と穴が残っている．このうち第一のものは，民主主義の理論および市民参加に対して払われる関心が相対的に欠如していることに関するものである．ロールズ的立憲体制には，民衆からの参加をほとんど欠いた恵み深い官僚の社会を生み出すという可能性があるようにみえる．ウェッブ夫妻〔Sidney Webb, 1859-1947, Beatrice Webb, 1858-1943．英国の漸進的社会主義団体フェビアン協会で中心的な役割を果たした〕は疑いなくこのように彼を解釈し，その作品にほとんど反対すべき点を見出さなかったであろう．必要基底的な政策を定義し実行することには最大限の参加ということが不可欠だという私たちの強調を前提するなら，彼の側の意味ありげな沈黙は明白に重要性を持つものである．

　この批判を展開して，ガットマンは政治過程への参加の機会を平等化し最適化することに賛成する古典的な四つの議論を列挙する．すなわち，自分自身と自分の集団を他者の専制から守ること（伝統的な民主制の正当化），決定に直接影響を受ける人々を意思決定過程に参与させることを通じてよりよい政策を作り出すこと（ハーバマスの第一の擁護論），政治的判断への能力と自己発展を促すこと（J. S. ミルならびに後世のフェビアン派の著述家たちの一定部分の強調），そして全市民の平等な尊厳（トーニーおよびT. H. マーシャルの主要な考慮点）である．これら見解のすべての力は結合されて，ロールズの三つの立憲的原理に対して，第四の立憲的原理を付け加えるべく彼女を動機付ける．私たちはそれに賛成である．それはすなわち，ロールズの分配的正義の原理と矛盾しない最大限の政治権力の分散，である（Gutmann, 1980, pp. 178-81, 197-203）．

　そのような参加原理は彼の再分配的目標に従属する位置に留まらねばならないであろう．というのは，前者の成功は後者の達成を必要条件であるからである．したがって，ガットマンは正義に反する不平等主義的な社会という文脈において参加機会を拡張するよう試みること——たとえば，1960年代

末の合衆国における学校への共同体の統制の発展——は，これ〔参加原理〕が実際にはいくつかの仕方で不平等の幅を広げるかもしれない有様を示していると論じる．このゆえに機会平等という立憲的原理が必要充足平等の原理と調和させられることを通じて実質を与えられない限りは，自由と民主主義のイメージはイメージを超えることはないであろう（Gutmann, 1980, pp. 191-7; cf. Gutmann, 1982）．けれども，このこと〔機会平等原理の，必要充足平等原理を通じた実質化〕はハーバマスのコミュニケーション能力という目標のような何かが，権威の行使，教育，再生産，生産が公共的に計画され規制される仕方に具体化されない限りは，不可能であろう．そのような具体化がなされなければ，そのような充足，したがって民主主義それ自体の最適化に必要な理解力が欠如することになるだろう．これが，ガットマンの分析によっても産業における民主主義，かなりの政策立案の地域レベルへの脱中心化，専門家集団および官僚組織に対する公共の説明責任などの方策が支持されるというそのわけである．

　ロールズの著作に顕著に欠如した第二のものは，彼の言う正義が特に達成されがたいような特定の集団に関係するものである．一方で，彼の理論の普遍性と全員の取り扱いが判断される基準が設定される仕方を前提するなら，この無視は理にかなったものだと見られるかもしれない．他方で，いくつかの集団にとって機会平等原理のようなものが実行困難であることは，あらゆる文化のうちの，注意を要するひとつの構造的次元を有するのである．たとえば，このことは男女間の不平等に対して家父長制が持つ明示的暗示的影響への関連において特にあてはまる．一般的不平等については，ペイトマン（Pateman, 1988, p. 43）は次のように論じている．ロールズは

　　実質的特徴のすべてを欠いた肉体を持たない参加者を仮定し，しかも同時に性差が存在し，性的交渉が生じ，子どもたちが生まれ，家族が形成されるということを想定できるということを単に自明視している．ロールズの原初契約の参加者は，同時に，単なる推論する実体であり，かつ

「家長」すなわち……〔中略〕……妻を代表する男性である．ロールズの原初状態は実際にはそこでは何も起きないような厳格な論理的抽象である．

　ロールズが家父長的な想定を原初状態の定式化に密輸入している限りで，ペイトマンの議論は的を射ている．もし原初状態に参加するのが男性——しかもそのことによって仮定により「家長」として自分自身を定義する男性——だけなのであれば，そのとき彼らが合意する社会契約は，平等な機会が抽象的理想にとどまらず個人と社会の現実となるために女性に必要な明細的な基本財をまず承認しないようなものだろう．けれどもこの欠陥から，ロールズの一般的方法や結論が排されるべきものということにはならない．ただし，交渉に当たる者の特徴付けはペイトマンの批判を容れられるように変更される必要がある．

　交渉者は立憲体制がいったん合意をみた後，自分がどちらの性になるかもわからないものと仮定しよう．この可能性を排除する理由は，ロールズの思考実験の理想（観念）的な性格を前提すると，彼のモデルが含む他の多くの反事実的な想定以外には存在していないように思われる．もしこのことが再生産との関係でなされるのであれば，私たちのロールズの一般理論の読みからすれば，明細的な女性の必要に関して一定の範囲の権利が生じることになる．これらには，自由で安全な避妊と中絶へのアクセスが含まれる．この二つがなければ，女性は，人生の見通しを立てそれに基づいて行動する自由を男性と同程度に行使しているということはできない．まさしくこれらのロールズ的理由によって，それらは，全女性が立憲的権利の問題としてアクセス権を持つべき必要充足項のリストに含まれるべきである．

　しかしながら，社会的再生産の領域に進むとき，より困難な原理的問題が持ち上がる．一方で，幼い子どもの身体的・道徳的未熟さ（子どもが子どもでなくなる年齢に関する困難な問題は措くとして）によって，健康で自律的な成人として発達することに対する人為的な障壁から保護される権利が正当化

第7章　理論における必要充足最適化

される．他方，母親——もしくは子どものケアを第一に担当する他の者——の明細的な必要というものは，そのような保護の規定と矛盾しない，保育・子育ての態勢の代替案を探求する実験への最大限の自由が促進されるべきであるということを含意するのである．ここで必然的なことは，他のいずれの場所とも同じで，法的・規範的制約を変更することによって，選択能力を刺激するということである．子どもを不必要な危害に曝すことを通じてではない．効率の点でも道徳性の点でも，特定の状況における正しい行為の筋道はそれほど明らかではないかもしれない．しかもこのことは，保育・養育者と子どもの双方の一般的権利について一致があったと想定しても，いえるであろう．

　ハーバマスが示唆するように，このように見かけ上対立する目標同士の潜在的緊張を解消するための合理的かつ有効な試みはいかなるものでも，成文化された専門家の知識およびその日常的な生活世界と基本的必要とが考慮されている者の経験的知識との両方を気に懸けなければならない．この適例においては，最終決定に達する前に，子ども，保育者，専門家の声はすべて耳を傾けられなければならない．正義は，先に輪郭を示した必要充足の最適化への立憲的・コミュニケーション的条件とともに，組織的学術的専門家を伴った中央集権的な権威および私たちの基本的道徳的責務と矛盾しない限りでの最大限の計画・行政過程の徹底的な民主化とを要求する，というのはこの意味においてである．それは，基本的な人間の必要と権利との一般的な性格には手を触れないという条件で，妥協を重んじる社会政策形成の二重戦略が要される．したがって，必要充足の最適化に向けて成功の見込まれる，コミュニケーション的政治的戦略は，必然的に，一般性と特殊性の両方の要素を含むのである．カント〔のいったこと〕をパラフレーズするならば，参加を欠いた正義は空虚であり正義を欠いた参加は盲目なのである．[6]

---

6)「内容を欠いた思想は空虚であるし，概念を欠いた（感性的）直感は盲目である．したがって，概念を感性化する，すなわち，それに直感における対象を付け加えるということは，直感を悟性化する，すなわち，それを概念の下に持ち来たらすということとま

7.5 国際主義，エコロジー，未来世代

　第6章の最後で，最適な必要充足への普遍的人権の受容からラディカルな国際主義が導かれるということが論じられた．個人が他国の見知らぬ人に資源を割り当てるのをためらうことは心理的には理解可能かもしれないが，道徳的にはそうするべきだということを受け入れるの他はない——もし，善のヴィジョンにコミットしそれと矛盾しないでいたいと仮定するならば．たしかに，いったん権利基底的な「福祉国家」擁護論を受けいれたなら，ミュルダールの言葉でいえば，私たちは「福祉国家を超えて」最適な必要充足への同じ権利を地球規模で尊重することへ進むよう道徳的に束縛されるのである (Myrdal, 1960).

　それに対してリップサービスを払ってはいるものの，ロールズ自身の理論は地球規模の正義という問題を無視している．それはおそらく全世界のための立憲体制を統御する仮説的な契約という観念があまりに不自然で途方もないものだからだろう (Rawls, 1972, pp. 171-82)．けれどもロールズの無知のヴェールのようなものをその解決のために適用することは，ミュルダールの結論につながるのである．もし私たちが提出した型の原初状態の中にある者がどの国に住むことになるのか知らないと想定するなら，このことが要求する，最適な必要充足への全個人の国際的権利に同様に私たちは関心をもつということは明らかであると思われる (Pogge, 1989, ch. 6)．そのような最適化がいかに試みられるべきかについての現実の討議においては，焦点は普通，〈南〉のもっとも深刻な窮乏にある人を益するための〈北〉からの資本の移動と移転に合わせられている．

　この目的がいかに達成されるかについては激論が闘わされ紛糾もしている．

ったく同じぐらい必要なのである．」(Kant, 1964, p. 93.)

国際的な必要充足の最適化という目標を推し進めるために，たとえば，先進国の内部に国際必要税を創設することに私たちは賛成であると論じた．しかし，先進世界および発展途上の世界の大半の政府が大幅な再分配には積極的ではない姿勢を示してきたとあっては，どの実施主体がそれを担当するべきなのか．世界規模の再分配の理想的な実施機関は民主的な世界政府であろう．それは国民国家向けに輪郭を示したのと同じロールズ的立憲原理を〔世界規模で〕実施するものである．これはこれで直接的な供給もしくは既存の国家的福祉機関の調整に当たる国際的な実施主体の創設を必要とするだろう．確かに，世界中の国家的および国際的な既得権の力，そしてそれに対抗する上で，国連のような潜在的には候補と思い浮かべられるような諸組織の無力とを考えあわせるならば，そのような制度は見果てぬ夢に留まる．けれども，そうした組織を創設するという目的の性格が大胆なものだからといって，その組織の道徳的正当化可能性が失われるわけではない（Pogge, 1989, pp. 259-61; cf. Goodin, 1985, pp. 154-69）．それは端的に任務の緊急性とそれが帰結する政治活動のレベルの差異の多様性とを裏付けるのである．

その間に，第三世界を通じて解放的な政治闘争は継続し，先に支持された種類の立憲的改革を含む一程度の成功を収める．幾通りもの理由——目下もっともありそうなのは第一世界の銀行への重い債務であろうが——から，第三世界のさまざまな地域は，先進国の力に対抗するためには経済的政治的に協力態勢を築かねばならないことを次第に実感しつつある．そのような同盟が出現するにつれて，〈北〉から〈南〉へのより衡平な富の再配分が正当に主要な目的として残るであろう（Cammack *et al.*, 1988, ch. 7）．その達成は，先に見た種の国際的機関の創設ないし改善という仕事と分離されるべきではない．

しかしながら，再分配は最適な必要充足という道徳的アジェンダの一部にすぎない．もし，一層の社会的平等と第三世界内部の経済発展の促進を目指す戦略が環境を無視するなら，それは最終的には自己破壊的なものとなるであろう．たとえば，環境が深刻な汚染を被れば，実所得の増加は必ずしも個

人の健康と自律の増進につながるとは限らない．実際，先進世界での教訓の一つは，もしそのような災害——たとえば汚染された食品——への接触が増大するという結果が富の増加によってもたらされるなら，その反対がいえるということである．

その上，環境汚染は長い目で見れば経済発展そのものの脅威になる可能性がある．このことは，生産に必要な自然資源への損害もしくは生産者消費者の両者への災害の影響を通じて起こりうる．この両方のことに対抗するためにもまた，適切な国際的な政治的権威のシステムによる法的規制が必要となる（World Commission on Environment and Development, 1987, ch. 12）．ロールズ的な原初状態における交渉者たちは，もし立憲体制について合意をみた後に自分がどの国に配置されることになるのかを知らないとすれば，しかも自分の最善の利益を守るのに必要な生態学的な事実が無知のヴェールによって隠されないとするなら，ここでも一致するであろう．

もちろん，そのような権威の規制的活動が，発展途上の国々がそれに従って行動することが経済的に実行可能になるような財とサービスの国際的再分配と組み合わされない限りは，そのような権威が成功を収める見込みはないであろう．必要充足最適化原理の普遍性と，それに加えてロールズ的な路線に沿った帰結主義的推論から，環境から搾取することですでに経済的利益を得た国々には，今度はこの利益を同様に分かち持つことを希望する貧しい国々がそうできるようにする道徳的義務があるということが命じられる．それは，あらゆる場所の個人の最適な必要充足の権利が尊重されるという条件で，そのような充足を短期的には増大させる見込みがあるが環境的には無責任でもあるような経済政策に対しては開発途上の国々がよりよく抵抗することを可能にするであろう．また，地球の生態系の有機体的性格を前提すれば，環境的な無責任の長期的な帰結は世界のどこに住むことになろうが，全員にとって満足のいくものではないということは自明である（Taylor, 1986, ch. 6）．文字通り，逃げ場はないということである．

最後に，注意を注がれてきたのが生態学的な空間を通じた人間の必要充足

の最適化だとしても,それでもなお時間を通じた必要充足の最適化への道徳的責任の問題に私たちは直面しなければならない.この点について私たちには未来世代への義務はあるのだろうか.あるとすればそれは何か.これは特に重要な問題である.というのも,現在の必要充足の水準は,困窮状態に置かれることになる未来の人間に利用可能な環境資源を犠牲にすることで,常に上昇させることができるからである.一つのことは明らかである.純粋に功利主義的な根拠に基づくのでは,私たちの責務は曖昧である.私たちの家系もしくは文化的伝統が未来にも続いていくということを知るということは,今ここでの必要充足の水準を高めたいという欲求を上回りそうもない(Parfit, 1984, pp. 480-6).同様に,権利基底的議論も世代間的再配分を支持することに寄与することはほとんど無いように思われる.いかにして,想像したことさえなかった存在に権利を付与できるのかは不明であり,それに対応する義務を原理的にさえ想定することはできない(Partridge, 1981, pp. 243-64).

こうはいっても,純粋に短期の考慮以上の考慮のために環境を保護し保守する何らかの責任が現世代にあるということを否定するということについては,何かしら道徳的に不穏なものがある.これが言えるのは三つの理由による.それら三つの理由は組み合わさって,少なくとも現在において可能であると示されたのと同じ程度の必要充足に対して未来の個人が権利をもつことを確言するものである.

第一に,私たちが直接干渉することで危害から防ぐことが可能だとわかっている人びとに対して,私たちが特殊な義務をもっているのだとすれば,私たちは少なくとも自分自身の世代と重複するような世代に対しては環境的責任を持たねばならないことになる.彼らの最適な必要充足の追求をさまたげるような何ごとも私たちはするべきではない.けれどももしこのことが受けいれられるならば,現世代の環境的必要とそれに続く人びとの世代の環境的必要とを区別することは経験的には不可能なように思われる.環境的なるものの一体性をこのように時間的に薄切りにすることはできないのである.

第Ⅱ部　人間の必要の理論

　第二に，ロールズ的議論はまた，環境的無責任が深甚な不公正であるということをも示唆する（Rawls, 1972, Section 44）．未来の代表が現在に時をさかのぼってきて環境保護に関する立憲的協議に出席するのを期待するというのはあまりに突飛なことであろうけれども，向きが反対ならばそうではない（Goodin, 1985, pp. 172-3）．現在の者が，自分が将来の世代に目覚めるかどうかについては知らないが，自分の必要と環境との間の関係がどのようなものであり続けるかということは理解しているというような無知のヴェールを私たちは想像することができるのである．こうした状況において，彼らの取り決めの結果が環境的に無責任なものになったとすれば驚きである．この議論の成功もやはり，時を超えて普遍化可能であって，原初状態参加者の知識の範囲に含まれる人間の必要——もしくはこれらの条件において考えられる基本財——の存在に基づいている．このことが万が一事実でないのならば，彼らには現在の利益と未来の利益とを結びつける方法は存在しないであろう（Feinberg, 1980, p. 181）．

　しかし第三に，おそらくとりわけ重要なことに，現代の道徳的な善のヴィジョンへのコミットメントは，現世代にしか適用されないのだとしたら，ほとんど意味を成しはしないということがある．善が体現されていると思う生活形態の長期的な存続が危うくなるほどに環境を破壊するということは，その善へのコミットメントを放棄するということである——それ以上でもそれ以下でもない．そのような生活形態には，人格についてもいえるように，本質的に物語的な構造，すなわちテロスがある．けれども，人格の場合とは違い，善に関する信念に結びついた物語は未来に向けて無限に伸びていくのである．もし私たちがある生活形態が善だと思うなら，その物語は続くべきである．だとするなら，誰かが現存するひいきの生活形態の達成と道徳的価値とを支持しつつ，実際には将来それに何が降りかかろうと少しも気にしないのだと主張するというのは，何を意味するのだろうか．そのような応答は，そもそもその生活形態の有する道徳的価値に対するコミットメントの欠如を示すものである．それは，関与するその人が現在自分自身で道徳的に正しい

第7章　理論における必要充足最適化

と思っていることをやる立場に未来世代が立つことを望んでいないということを意味するほかないからである．私たちは一貫性を保つ限り，徳——徳が何から成ると思うにせよ——の現在の生態学的可能性を損なえないのと同じぐらいに，未来のそれを損なうことはできないのである．

本書のこのセクション〔第Ⅱ部〕の冒頭において，私たちは，深刻な危害の回避への前提条件に言及することで，必要を欲求から区別した．これらの条件は，客観的な利益になるよう行動できるようになるために，すべての人間が共通して持つべき目標とみなされうる．私たちはその章では最適化された必要充足への権利のことを弁じ立てたが，その権利に課される環境的な制約の輪郭を描いてその章を結んだのであった．したがって，人間の必要とは，未来世代に達成されるだろうと予見可能な水準を危うくすることなしに，万人のために，今，——可能な限り——達成されるべきであるような健康と自律の水準である．長期的には，——もしそれがあるべきなら——生態圏の壊れやすさへの意識が，必要充足最適化への実行可能なコミットメントと手を携えて進まなければならない．権利を真剣に受け止めることは環境に対しても同様にすることを意味するのである．

　最適な必要充足の達成のための戦いを成功に導く条件が二つあることを私たちは論じた．第一に，参加者は自分たちが改善しようとする社会・自然的環境について正確な理解をもたねばならない．第二に，変革への客観的機会がこれらの環境のうちに現実に存在しているのでなければならない．しかし，さらに第三の条件があり，それについては一言触れることしかできない．挫折および考えられる危険を前にするとき，近年マッキンタイアが〔その著作『美徳なき時代』などでの議論を通じて〕その復興のために多大な貢献をした，古典的ギリシャ的な徳性——理性，勇気，正直，犠牲精神——が関係者には必要となるだろう．皮肉なことに，成功の見込みがある政治闘争はまた古典的キリスト教的徳性——特に，賛同できかねるような人に対する敬意を伴った慈善，参加が，短期的には失敗する時でさえ，より正しい物質的，知的，

第Ⅱ部　人間の必要の理論

情緒的資源の配分に向けて貢献するだろうという希望,信義——を帰結すると考える者もあるかもしれない.[7)]

　これらすべての言い方における個人の徳性の追求なしには,万人にとっての必要充足を最適化するという夢はまさしくただの夢に留まるであろう.必要な変化を——それ自体においてひとりでに——もたらすような歴史の「大河」や社会的決定の過程は存在しない.変革のために社会環境がどれほど熟していようとも,その変革をもたらすためには個人はその個人的,職業的,政治的生において,有徳な働きを示す必要があるであろう.その上,私たちが成功を収めれば収めるほど,同じ目標に向けたさらなる行為のための集合的潜勢力をいっそう増強したことになるであろう.実際,私たちがみてきたように,確立した権威に挑戦して成功を収めることがもっとも多いのは普通,相対的に高度の健康と自律をすでに得ているような人である.したがって,徳のことを真剣に受け止めるならば,それはより解放された未来の——私たちが既存の必要充足の水準を守り,かつ私たちに可能ないかなる仕方であれその向上のために働くような未来の——私たちのヴィジョンとは切り離しえないのである.

---

7) この論点についてはロジャー・ハリスに大いに感謝する.

監訳者あとがき

　本書は，Len Doyal and Ian Gough, A Theory Of Human Need, London: Macmillan, 1991. の部分訳である．原著4部構成のうち，前半2部のみを訳出している．

[1]

　原著は，出版翌年にはミュルダール賞を，1993年にはドイッチャー賞を受賞している．ミュルダール賞はスウェーデンの著名な経済学者グンナー・ミュルダールにちなんでおり，ヨーロッパ進化政治経済学会が優れた著作を表彰するもので，1992年に創設され，原著は最初の受賞作となっている．同賞は現在まで続いており，受賞作で邦訳のあるものとしては，たとえば，1998年の受賞作『ハイエクのポリティカル・エコノミー』(Fleetwood, 1995＝2006) がある．

　ドイッチャー賞は，マルクス主義の歴史家アイザック・ドイッチャーとその妻タマラ・ドイッチャーにちなんでおり，1969年に創設され現在まで続いている．これまでの受賞者のうち，ジェラルド・コーエン，テリー・イーグルトン，エリック・ホブスホーム，デイヴィッド・ハーベイなどは日本でも著作の一部が邦訳されたりして知られているのではないだろうか（必ずしも受賞作が翻訳されている訳ではない）．

　この二つの受賞は，原著の持つ，三つの特徴のうち二つを良く反映したものといえよう．すなわち，本書の第一の特徴は，経済学における「必要」の不在への建設的批判である．これは経済理論における必要概念の不在と，それを部分的には反映した実際の経済分析や経済政策提言における人びとの基本的必要への注意の欠落の双方への批判と代替的なアプローチの探求である．

監訳者あとがき

　こうした問題関心は新古典派経済学に批判的な制度派の政治経済学者の多くに共有されており，この特徴がミュルダール賞の受賞に繋がったとみることができる．

　もちろん，こうした議論は，原著者が孤立して行っている作業ではなく，日本でも著作が翻訳されている研究としては，アマルティア・セン（e. g. Sen, 1982＝1989）やジェフェリー・ホジソン（Hodgson, 1988＝1997），トニー・ローソン（Lawson, 1997＝2003）らの研究が挙げられる．とりわけセンのノーベル賞受賞（1998年）以降，多くの研究が蓄積されてきている．他方で，批判の対象となっている新古典派経済学理論は，ここで問題となっている批判点については何の変化もないまま，ますます強固に存在しており，本書が投げかける問いはなお古びていない．

　原著の第二の特徴は，啓蒙と解放の政治において，理論的には，普遍的に擁護可能な倫理的規準を提供しようと試み，実践的には福祉国家を擁護しようとしている点である．解放の政治に大きな影響を与えて来た理論的言説において，とりわけ1980年代以降，普遍主義や本質主義への批判が高まり，相対主義や反本質主義が標榜された．それは確かに従来の粗野なマルクス主義における決定論や，男性中心・西欧中心の言説への批判として，意義のあるものであった．ところが，他方でベルリンの壁が崩壊しネオリベラリズムが名実共に支配的なパラダイムとなるなかで，それに抗うには，相対主義的な構えではあまりに無力であると考える人たちも出て来た．そうした解放の政治をめぐる理論的言説のある種の空白を埋めるものとして，本書の議論は迎えられた．この特徴がドイッチャー賞の受賞に繋がったのではないだろうか．

　また必要概念を，普遍的に擁護可能な倫理的規準として提示し，福祉国家を擁護しようという試みに関しては，その後英語圏では賛否両論があり，さまざまな議論が続いている．乱暴との譏りを受けることを承知で整理するならば，一方で本書の議論に依拠しながら，必要概念を福祉国家を正当化する鍵概念として考える立場と，他方で批判理論やフェミニズムで著名なナンシ

ー・フレーザーの議論（Fraser, 1989）に依拠しながら，必要をめぐる言説がある種の抑圧の装置となってしまうことにより留意しようとする立場とが存在しているといえる．それらを俯瞰する書籍としては，Dean, 2010＝2012がある．いずれにしても，今日まで続く議論の契機をつくった議論として，原著はカノンともいうべき位置を占めている．

　本書の第三の特徴としては，必要概念の哲学的深化を試みていることが挙げられる．権利や必要といった概念は，その言明によって他者の義務を生じさせうる概念であるが，こうした概念が持つ意味の分析は，事実と価値とを分けて考える実証主義的な立場にとってはアキレス腱とでもいってよい分野である．それでも権利概念については，法哲学者たちによる膨大な研究蓄積があり，相対的にいって，必要概念の哲学的分析は，発展途上にある．そうした状況に原著書は一石を投じた．原著の議論は，倫理学の分野での自然主義という流れに位置づけることができる．この場合の自然主義とは，規範や価値を観察可能な自然的世界の属性に還元できるという立場である．この立場から必要を論じる Norman 1983 は原著でも引用されている（同書の第二版は，Norman 1998＝2001）．この分野では，Brock, 1998; Reader, 2005 などの論文集に，その後の議論の展開をみることが出来る．前者には原著者の一人のドイヨルによる原著の要約が寄せられている．また前述のセンや哲学者マーサ・ヌスバウムらのケイパビリティ論（e. g. Nussbaum, 2006＝2012）も必要概念の哲学的深化に一役買っている．

［2］

　原著者の一人，レン・ドイヨルは，1944 年，アメリカ合州国生まれ．英国の大学で長らく教鞭をとり，ロンドン大学クィーンメアリー校名誉教授．医療倫理学者として活躍し，近年は非自発的安楽死の部分的合法化論者としても知られる．もう一人の著者，イアン・ゴフは，1942 年，英国生まれ．ケンブリッジ大学卒業後，マンチェスター大などで教鞭をとり，現在バース大学名誉教授，およびロンドン・スクール・オブ・エコノミクス客員教授．

監訳者あとがき

Gough, 1979＝1992 は，従来の冷笑・批判一辺倒の左派による福祉国家批判を刷新するものとして一躍注目を浴び，七つの言語に翻訳された．福祉国家が良い場合と悪い場合があるとすれば，それはどのようにして判断されるべきかという問いが，彼を原著の共同執筆に導いた．原著の議論に関連したその後の展開としては，Gough, 2000, 2014 などがある．

監訳者の一人である山森は，研究分担者として参加していた科学研究費共同研究「分配的正義の経済理論・政治思想（研究代表者：有江大介）」において，深貝保則らの協力のもとに 2002 年にゴフを日本に招聘した．またケンブリッジ大で研究員をしていた時期（2005-2006）に，ゴフ，ドイヨルをそれぞれ当時の自宅に訪ねている．その時原著者より，原著改訂版の出版の打診が出版社よりあったと聞いたが，その後実現していないようである．

［3］

本翻訳プロジェクトは，ここに名を連ねている私たち訳者とは別の方々の熱意とイニシアティヴで 2000 年代の前半に始まったが，諸般の事情でその後暗礁に乗り上げてしまった．訳者のうち，遠藤，馬嶋，山森がそのプロジェクトに参加していた．本書訳出部分の理解に不可欠な哲学を専門にしている馬嶋と，原著者と交流があった山森とが監訳者となって仕切り直し，新たに神島を訳者に加えて，4 部構成の原著のうち前半の 2 部のみを訳出したのが本書である．

原著のうち，本訳出書に含めなかったのは，図表リスト，前書き，謝辞，第 3 部「実践における人間の必要」（8 章：必要充足の測定，9 章：身体的健康と自律，10 章：中間的必要，11 章：必要充足の最適化のための社会的前提条件，人間の福祉の見取り図——三つの世界における必要充足），第 4 部「人間の必要の政治」（13 章：必要充足の政治経済学にむけて，14 章：二重の政治戦略），参考文献リストのうち訳出部分で言及されていないもの，および索引である．

なお原著はこれまでスペイン語，イタリア語，繁体字中国語，簡体字中国語に翻訳されており，本書は五つめの翻訳ということになる．

監訳者あとがき

[4]

　訳者の専門は開発経済学（遠藤），政治哲学（神島），哲学・倫理学（馬嶋），社会政策・経済学（山森），とそれぞれに異なる．多くの学問領域を横断する原著を理解する上で，訳者の専門分野の多様性が助けとなった．本書の議論をどのように評価するかは，訳者によって異なる．本書の議論に広い意味で関連する訳者による議論としては，神島 2013，神島・山森 2004，山森 1998，2003 などがある．また馬嶋は前掲の Norman 1998＝2001 の邦訳に訳者の一人として関わっている．

　翻訳分担は，序，1章，2章が山森，3章，6章，7章が馬嶋，4章が神島，5章が遠藤である．訳稿については，二人の監訳者間で何度もやり取りをしたが，こうした翻訳出版の常として，なお残る誤りがあるだろう．その責は監訳者にある．また原著文献リストの不備などについては，監訳者の方で可能なかぎり追加，訂正を行っている．邦訳のあるものは可能な範囲で記載しているが，何分広い分野に渡っており，漏れがあるかもしれない．

　監訳者の一人，馬嶋が本書の翻訳に取り組む上で欠かせぬきっかけとなったのは，大学院生時代に前掲 Norman 1998＝2001 の翻訳に，塚崎智先生，石崎嘉彦先生にお声をかけて頂き参加したことであった．本訳書の上梓に際して，そのことにつき，また，とりわけ塚崎先生には長年にわたる学恩に，この場を借りて心より感謝申し上げたい．

　もう一人の監訳者山森は，経済学における必要概念について，修士論文や博士論文を書いた．そのような異端の研究に従事できたのは，所属していた大阪市立大学大学院経済学研究科，京都大学大学院経済学研究科の先生方のご寛容によるところが大きい．本書の翻訳に取り組み始めた時点で勤務していた東京都立大学人文学部の同僚の皆さんには学際的なコミュニケーションの難しさと喜びとを教えて頂いた．この場を借りて感謝申し上げたい．

　勁草書房では当初，徳田慎一郎さんが，ついで橋本晶子さんがご担当で，

監訳者あとがき

監訳者を絶えず励ましてくれた.監訳者の非力で多大なご迷惑をおかけした.何とか刊行にこぎ着けられたのは偏にお二方のお力添えのおかげである.

2014 年　夏

監訳者一同

参考文献

Brock Gillian (ed.) 1998 *Necessary Goods: Our Responsibilities to Meet Others' Needs*, Rowman & Littlefield.

Dean Hartley 2010＝2012（福士正博訳）『ニーズとは何か』日本経済評論社.

Fleetwood, Steve 1995＝2006（佐々木憲介・西部忠・原伸子訳）『ハイエクのポリティカル・エコノミー:秩序の社会経済学』法政大学出版局.

Fraser, Nancy 1989 *Unruly Practices: Power, Discourse and Gender in Contemporary Social Theory*, University of Minnesota Press.

Gough, Ian 2000 *Global Capital, Human Needs and Social Policies: Selected Essays 1994–99*, Palgrave.

Gough, Ian 2014 "Lists and Thresholds: Comparing the Doyal-Gough Theory of Human Need with Nussbaum's Capabilities Approach", in Comim, F. and Nussbaum, M. *Capabillities, Gender, Equality: Towards Fundamental Entitlements*. Cambridge University Press.

Hodgson, Geoffrey 1988＝1997（八木紀一郎・橋本昭一・家本博一・中矢俊博訳）『現代制度派経済学宣言』名古屋大学出版会.

Lawson, Tony 1997＝2003（八木紀一郎監訳）『経済学と実在』日本評論社.

Nussbaum 2006＝2012（神島裕子訳）『正義のフロンティア:障碍者・外国人・動物という境界を越えて』法政大学出版局.

Reader, Soran (ed.) 2005 *The Philosophy of Need*, Cambridge University Press.

Sen, Amartya 1982＝1989（大庭健・川本隆史抄訳）『合理的な愚か者』勁草書房.

神島裕子 2013『マーサ・ヌスバウム——人間性涵養の哲学』中央公論新社.

神島裕子・山森亮 2004「福祉——他者の必要を把握するとはどういうことか——」有賀誠・伊藤恭彦・松井暁編『現代規範理論入門——ポスト・リベラリズムの新展開』ナカニシヤ出版.

山森亮 1998「必要と福祉:福祉のミクロ理論のために(1)」『季刊家計経済研究』38 号.

山森亮 2003「必要と公共圏」『思想』no. 925.

参 考 文 献

Anderson, P. (1983) *In The Tracks of Historical Materialism* (Verso).
Anscombe, G. E. M. (1957) *Intention* (Oxford, Blackwell). G.E.M. アンスコム／菅豊彦訳『インテンション――実践知の考察』産業図書, 1984.
Anscombe, G. E. M. (1969) 'Modern moral philosophy', in W. Hudson (ed.). *The Is-Ought Question* (Macmillan).
Archer, M. (1988) *Culture and Agency* (Cambridge University Press).
Arkes, H. (1986) *First Things* (Princeton University Press).
Armstrong, D. (1983) *Political Anatomy of the Body* (Cambridge University Press).
Aronowitz, S. (1988) *Science as Power* (Macmillan).
Arrington, R. (1989) *Rationalism, Realism and Relativism* (Ithaca, Cornell University Press).
Arrow, K. (1963) *Social Choice and Individual Values* (New Haven, Yale University Press). ケネス・J・アロー／長名寛明訳『社会的選択と個人的評価』日本経済新聞社, 1977.
Avineri, S. (1972) *Hegel's Theory of the Modern State* (Cambridge University Press).
Barnes, B. and Bloor, D. (1982) 'Relativism, rationalism and the sociology of knowledge', in M. Hollis and S. Lukes (eds). *Rationality and Relativism* (Oxford, Blackwell).
Barrington Moore, J. (1978) *Injustice* (Macmillan).
Barry, B. (1965) *Political Argument* (Routledge).
Barry, B. (1990) *Political Argument: A Reissue* (Harvester Wheatsheaf).
Bay, C. (1968) 'Needs, wants and political legitimacy', *Canadian Journal of Political Science*, 1, 241–60.
Beck, A. (1967) *Depression: Clinical, Experimental and Theoretical Aspects* (Staple Press).
Bell, J. and Mendus, S. (eds) (1988) *Philosophy and Medical Welfare* (Cam-

参 考 文 献

bridge University Press).
Benton, T. (1988) 'Marx, humanism and speciesism', *Radical Philosophy*, 50 (Autumn).
Berlin, I. (1969) 'Two concepts of liberty', in I. Berlin, *Four Essays on Liberty* (Oxford University Press). アイザィア・バーリン／小川晃一・小池ケイ・福田歓一・生松敬三訳『自由論』みすず書房（全2巻），1971.
Bernstein, R. (1969) *Philosophical Profiles* (Cambridge, Polity).
Boorse, C. (1975) 'On the distinction between disease and illness', *Philosophy and Public Affairs*, 5.
Boorse, C. (1982) 'What a theory of mental health should be', in R. E. Edwards (ed.). *Psychiatry and Ethics* (Buffalo, NY. Prometheus Books).
Braybrooke, D. (1987) *Meeting Needs* (Princeton University Press).
Brown, A. (1986) *Modern Political Philosophy* (Harmondsworth, Penguin).
Brundtland Report (World Commission on Environment and Development) (1987) *Our Common Future* (Oxford University Press).
Buchanan, A. (1982) *Marx and Justice: the Radical Critique of Liberalism* (Methuen).
Callinicos, A. (1990) *Against Post Modernism* (Oxford, Polity). 角田史幸監訳『アゲインスト・ポストモダニズム——マルクス主義からの批判』こぶし書房，2001.
Cammack, P., Pool, D. and Tordoff, W. (1988) *Third World Politics: .A Comparative Introduction* (Macmillan).
Campbell, T. (1983) *The Left and Rights* (Routledge).
Caplan, A. et al. (1981) *Concepts of Health and Disease* (Reading, Mass. Addison-Wesley).
Channer, Y. and Parton, N. (1990) 'Racism. cultural relativism and child protection'. in Violence Against Children Study Group. *Taking Child Abuse Seriously* (Unwin Hyman).
Clare, A. (1980) *Psychiatry in Dissent* (Tavistock).
Cohen, I. (1989) *Structuration Theory* (Macmillan).
Coles, R. (1967) *Children of Crisis: a Study of Courage and Fear* (Faber).
Cox, J. (ed.) (1986) *Transcultural Psychiatry* (Croom Helm).
Cranston, M. (1973) *What are Human Rights?* (Bodley Head).

Culver, C. and Gert, B. (1982) *Psychology in Medicine* (New York. Oxford University Press).

Daly, M. (1984) *Pure Lust* (The Women's Press).

Daniels, N. (1985) *Just Health Care* (Cambridge University Press).

Douglas, M. (1966) *Purity and Danger* (Routledge). 塚本利明訳『汚穢と禁忌』思潮社, 1972.

Douglas, M. (ed.) (1973) *Rules and Meanings* (Harmondsworth, Penguin).

Douglas, M. (1975) *Implicit Meanings* (Routledge).

Donal, Len (1987) 'Health, underdevelopment and traditional medicine', *Holistic Medicine.* 2.1.

Doyal, Len (1990) 'Medical ethics and moral indeterminacy'. *Journal of Law and Society.* 17.1.

Doyal, Len and Lesley (1984). 'Western scientific medicine: a philosophical and political prognosis', in L. Birke and J. Silvertown (eds), *More Than the Parts: the Politics of Biologiy* (Pluto).

Doyal, Len and Gough, I. (1984) 'A theory of human need', *Critical Social Policy*, 4.1, no.10.

Doyal, Len and Harris, R. (1983) 'The practical foundations of human understanding', *New Left Review.* 139. May-June.

Doyal, Len and Harris, R. (1986) *Empiricism, Explanation and Rationality* (Routledge).

Dworkin, A. (1980) 'Taking action',in L. Lederer (ed.), *Take Back the Night* (New York, William Morrow).

Dworkin, G. (1988) *The Theory and Practice of Autonomy* (Cambridge University Press).

Dworkin, R. (1981) 'What is equality?', Part II, *Philosophy and Public Affairs*, 10.

Dworkin, R. (1985) *A Matter of Principle* (Oxford University Press). 森村進・鳥澤円訳『原理の問題』岩波書店, 2012.

Edwards, R. E. (1982) 'Mental health as rational autonomy', in R. E. Edwards (ed.). *Psychiatry and Ethics* (Buffalo, NY. Prometheus Books).

Eisenstein, Z. (1979) 'Some notes on the relations of capitalist patriarchy' in Z. Eisenstein (ed.). *Capitalist Patriarchy and the Case for Socialist*

参 考 文 献

Feminism (New York, Monthly Review Press).
Elster, J. (1985) *Making Sense of Marx* (Cambridge University Press).
Engelhardt, H. T. (1982) 'Psychotherapy as meta-ethics', in R. E. Edwards (ed.). *Psychiatry and Ethics* (Buffalo, NY. Prometheus Books).
Entwistle, H. (1970) *Antonio Gramsci* (Routlcdge).
Enzensberger, H. (1979) *Raids and Reconstructions* (New Left Books).
Faden, R. and Beauchamp, T. (1986) *A History and Theory of Informed Consent* (New York, Oxford University Press). R. フェイドン・T. ビーチャム／酒井忠昭ほか訳『インフォームド・コンセント──患者の選択』みすず書房, 2007.
Feher, F., Heller, A. and Markus, G. (1983) *Dictatorship over Needs* (Blackwell, University Press). F. フェヘール／富田武訳『欲求に対する独裁──「現存社会主義」の原理的批判』岩波現代選書, 1984.
Feinberg, J. (1973) *Social Philosophy* (Englewood Cliffs, Prentice Hall).
Feinberg, J. (1980) *Rights, Justice and the Bounds of Liberty* (Princeton, Princeton University Press).
Feinberg, J. (1984) *The Moral Limits of the Criminal Law; vol. 1 Harm to Others* (Oxford University Press).
Feyerahend, P. (1978) *Science in a Free Society* (New Left Books).
Finegold, D. and Soskice, D. (1988) 'The failure of training in Britain: analysis and prescription', *Oxford Review of Economic Policy*, 4. 3.
Fishkin, J. (1982) *The Limits of Obligation* (New Haven, Yale University Press).
Fitzgerald, R. (1977) 'Abraham Maslow's hierarchy of needs-an exposition and evaluation', in R. Fitzgerald (ed.), *Human Needs and Politics* (NSW, Rushcutters Bay, Pergamon).
Flew, A. (1977) 'Wants or needs, choices or commands', in R. Fitzgerald (ed.). *Human Needs and Politics* (NSW. Rushctttters Bay, Pergarmon).
Foster, G. and Anderson, B. (1978) *Medical Anthropology* (New York, Wiley).
Foster, P. (1983) *Access to Welfare* (Macmillan).
Frosh, S. (1987) *The Politics of Psychoanalysis* (Macmillan).
Fulford, K. (1989) *Moral Theory and Medical Practice* (Cambridge Univer-

sity Press).

Geras, N. (1983) *Marx and Human Nature* (Verso).

Geras, N. (1989) 'Our morals: the ethics of revolution', in R. M Miliband et al. (eds), *Socialist Register 1989* (Merlin Press).

Gewirth, A. (1978) *Reason and Morality* (University of Chicago Press).

Gewirth, A. (1982) *Human Rights* (University of Chicago Press).

Ghoussoub, M. (1987) 'Feminism - or the eternal masculine - in the Arab World', *New Left Review*, 161.

Giddens, A. (1979) *Central Problems in Social Theory* (Macmillan). 友枝敏雄・今田高俊・森重雄訳『社会理論の最前線』ハーベスト社, 1989.

Giddens, A. (1984) *The Constitution of Society* (Cambridge, Polity).

Giddens, A. (1982) *Profiles and Critiques in Social Theory* (Macmillan).

Gilbert, P. (1984) *Depression* (Lawrence Erlbaum).

Goodin, R. (1985) *Protecting the Vulnerable* (University of Chicago Press).

Goodin, R. (1988) *Reasons for Welfare* (Princeton University Press).

Gorovitz, S. (1982) *Doctor's Dilemmas* (Oxford University Press).

Gough, I. (1979) *The Political Economy of the Welfare Stare* (Macmillan). I. ゴフ／小谷義次・荒岡作之・向井喜典・福島利夫訳『福祉国家の経済学』大月書店, 1992.

Gouldner, A. (1971) *The Coming Crisis of Western Sociology* (New York Basic Books).

Gray, J. (1983) 'Classical liberalism, positional goals and the politicisation of poverty', in A. Ellis and K. Kumar (eds), *Dilemmas of Liberal Democracies* (Tavistock).

Green, D. (1987) *The New Right* (Brighton, Wheatsheaf).

Griffin, J. (1986) *Well-Being* (Oxford University Press).

Grimshaw, J. (1986) *Feminist Philosophers* (Brighton, Wheatsheaf).

Grundy, S. (1987) *Curriculum: Product or Praxis* (Lewes, Falmer).

Guntrip, H. (1968) *Schizoid Phenomena, Object Relations and the Self* (Hogarth).

Gutmann, A. (1980) *Liberal Equality* (New York, Cambridge University Press).

Gutmann, A (1982) 'What's the use of going to school?', in A. Sen and B.

参 考 文 献

Williams (eds), *Utilitarianism and Beyond* (Cambridge University Press).
Habermas, J. (1970a) 'Towards a theory of communicative competence', *Inquiry*. 13.
Habermas, J. (1970b) *Towards a Rational Society* (Boston, Beacon Press). 長谷川宏訳『イデオロギーとしての技術と科学』紀伊國屋書店, 1970.
Habermas, J. (1971) *Knowledge and Human Interests* (Boston, Beacon). 奥山次良・八木橋貢・渡辺佑邦訳『認識と関心』未来社, 2001.
Habermas, J. (1974) *Theory and Practice* (Heinemann). 細谷貞雄訳『社会哲学論集——政治における理論と実践 (1・2)』未來社, 1969-1970.
Habermas, J. (1976) *Legitimation Crisis* (Boston, Beacon). 細谷貞雄訳『晩期資本主義における正統化の諸問題』岩波書店, 1979.
Habermas, J. (1981a) *The Theory of Communicative Action*. Volume 1. trans. T. McCarthy (Boston, Beacon).
Habermas, J, (1981b) 'New social movements'. *Telos*, 49 (Fall).
Habermas, J, (1988) *The Philosophical Discourse of Modernity*, trans. F. Lawrence (Oxford, Polity). 三島憲一・轡田収・木前利秋・大貫敦子訳『近代の哲学的ディスクルス (1・2)』岩波書店, 1990.
Hardin, G. (1977) 'Lifeboat ethics: the case against helping the poor', in W. Aiken and H. LaFollette (eds), *World Hunger and Moral Obligation* (Englewood Cliffs, NJ. Prentice Hall).
Harris, D. (1987) *Justifying State Welfare* (Oxford, Blackwell).
Harris, M. (1979) *Cultural Materialism* (New York, Vintage Books).
Harris, R. (1987) 'Socialism and democracy: beyond state and civil society', *Radical Philosophy*, 45 (Spring).
Haworth, L. (1986) *Autonomy* (New Haven, Yale University Press).
Hayek, F. (1960) *The Constitution of Liberty* (Routledge). 気賀健三・古賀勝次郎訳『ハイエク全集 第5・6・7巻』春秋社, 1987.
Hegel, G. W. F. (1977) *Phenomenology of Spirit, trans.* A. Miller (Oxford University Press). 長谷川宏訳『精神現象学』作品社, 1998.
Heller, A. (1976) *The Theory of Need in Marx* (Allison and Busby). 良知力・小箕 俊介 訳『マルクスの欲求理論』法政大学出版局, 1982.
Helman, C. (1990) *Culture, Health and Illness* (Wright).

Herskovit, M. (1972) *Cutural Relativism* (New York, Vintage Books).
Hindess, B. (1977) *Philosophy and Methodology in the Social Sciences* (Brighton, Harvester).
Hirst, P. and Woolley, P. (1982) *Social Relations and Human Attributes* (Tavistock).
Hollis, M. (1987) *The Cunning of Reason* (Cambridge University Press). 槻木裕訳『ゲーム理論の哲学：合理的行為と理性の狡智』晃洋書房, 1998.
Hume, D. (1963) *Enquiries Concerning the Human Understanding and Concerning the Principles of Morals* (Oxford University Press). 渡部峻明訳『道徳原理の研究』哲書房, 1993.
Ignatieff, M. (1984) *The Needs of Strangers* (Chatto and Windus). 添谷育志・金田耕一訳『ニーズ・オブ・ストレンジャーズ』風行社, 1999.
Jaggar, A. (1983) *Feminist Politics and Human Nature* (Brighton, Harvester).
Jahoda, M. (1958) *Current Concepts of Positive Mental Health* (New York, Basic Books).
Jones, P. (1990) 'Universal and particular claims: from welfare rights to welfare states', in A. Ware and R. Goodin (eds), *Needs and Welfare* (Sage).
Kabeer, N. (1988) 'Subordination and struggle: women in Bangladesh', *New, Left Review*, 168.
Kant, I. (1964) *Critique of Pure Reason*, trans. N. K. Smith (Macmillan). 中山元訳『純粋理性批判』1-7, 光文社古典新訳文庫, 2010-2012.
Kamcnetzky, M. (1981) 'The economics of the satisfaction of needs', *Human Systems Management*, 2.
Keane, J. (1988) *Democracy and Civil Society* (Verso).
Keat, R. (1981) *The Politics of Social Theory* (Oxford).
Kennedy, I. and Grubb, A. (1989) *Medical Law: Text and Materials* (Butterworths).
Kleinman, A. (1984) 'Indigenous systems of healing: questions for professional. popular and folk care', in W. Salmon (ed.), *Alternative Medicines* (Tavistock).
Kleinman, A. and Good, B. (eds) (1985) *Culture and Depression Studies in*

参 考 文 献

the Anthropology and Cross-Cultural Psychiatry of Affect and Disorder (Berkeley, University of California Press).
Kukathas, C. and Pettit, P. (1990) Rawls (Oxford, Polity). 山田八千子・嶋津格訳『ロールズ:『正義論』とその批判者たち』勁草書房, 1996.
La Fontaine, J. (1945) 'Person and individual: some anthropological reflections', in M. Carrithers. S. Collins and S. Lukes (eds), The Category of the Person (Cambridge University Press).
Laclau, E. and Mouffe, C. (1985) Hegemony and Socialist Strategy: Towards a Radical Democratic Politics (Verso). 西永亮・千葉眞訳『民主主義の革命——ヘゲモニーとポスト・マルクス主義』筑摩書房 (ちくま学芸文庫), 2012.
Laclau, E. and Mouffe. C. (1987) 'Post Marxism without apologies'. New Left Review, 166.
Lawson, H. (1985) Reflexivity: The Post-Modern Predicament (Hutchinson).
Lebowitz, M. (1979) 'Heller on Marx's concept of needs', Science and Society 43, 349-15.
Lederer, K. (1980) 'Introduction', in K. Lederer (ed.), Human Needs (Cambridge, Mass., Oelgeschlager, Gunn and Hain).
Lee, P. and Raban, C. (1988) Welfare Theory and Social Policy (Sage). 向井喜典・藤井透訳『福祉理論と社会政策:フェビアン主義とマルクス主義の批判的交流』昭和堂, 1991.
Lees, S. (1986) 'Sex, race and culture', Feminist Review, 22 (Spring).
Lerner, G. (1986) The Creation of Patriarchy (New York, Oxford University Press).
Lessnoff, N. (1986) Social Contract (Macmillan).
Lievern, E. (1989) 'The psychological basis of co-operation and caring', in R. Hinds and P. Bateson (eds), Education for Peace (Nottingham, Spokesman).
Lindley. R. (1986) Autonomy (Macmillan).
Lovell, T. (ed.) (1990) British Feminist Thought (Oxford, Blackwell).
Lukes, S. (1974) Power: A Radical View (Macmillan). 中島吉弘訳『現代権力論批判』未來社, 1995.
Lukes. S. (1982) 'Of gods and demons: Habermas and practical reason', in

J. Thompson and D. Held (eds). *Habermas* (Macmillan).
Lukes, S. (1985) *Marxism and Morality* (Oxford University Press).
McCarthy, T. (1978) *The Critical Theory of Jürgen Habermas* (Hutchinson).
McInnes, N. (1977) 'The politics of needs - or, who needs politics?' in R. Fitzgerald (ed.), *Human Needs and Polities* (NSW, Rushcutters Bay, Pergamon).
MacIntyre, A. (1983) *After Virtue* (Duckworth). 篠崎栄訳『美徳なき時代』みすず書房, 1993.
MacIntyre, A. (1988) *Whose Justice? Which Rationality?* (Duckworth).
MacPherson, C. B. (1962) *The Political Theory of Passessive Individualism* (Oxford University Press). 藤野渉・将積茂・瀬沼長一郎訳『所有的個人主義の政治理論』合同出版, 1980.
MacPherson, C. B. (1973) *Democratic Theory: Essays in Retrieval* (Oxford, Clarendon Press). 西尾敬義・藤本博訳『民主主義理論』青木書店, 1978.
Mack, J. and Lansley, S. (1985) *Poor Britain* (George Allen and Unwin).
Marx, K. (1973) *Grundrisse*, trans. M. Nicolaus (Penguin). 資本論草稿翻訳委員会訳『マルクス資本論草稿集1-2 1857-58年の経済学草稿 第1分冊／第2分冊』大月書店, 1981-1993.
Maslow, A. (1943) 'A theory of human motivation', *Psychological Review*, 50, pp. 370-96.
Mason, J. and McCall Smith, R. (1987) *Law and Medical Ethics* (Butterworths).
Mauss, M. (1985) 'A category of the human mind: the notion of person; the notion of self', in M. Carrithers, S. Collins, S. Lukes (eds), *The Category of the Person* (Cambridge University Press).
Mehan, H. and Wood, H. (1975) *The Reality of Ethnomethodology* (New York, Krieger).
Meillassoux, C. (1972) 'From reproduction to production: a Marxist approach to economic anthropology', *Economy and Society*, 1.
Melrose, D. (1982) *Bitter Pills* (Oxford, Blackwell).
Meyers, D. (1985) *Inalienable Rights: a Defense* (New York, Columbia University Press).

参 考 文 献

Mezzicch, J. and Berganza, C. (eds) (1984) *Culture and Psychopathology* (New York, Columbia University Press).
Midgley, M. (1979) *Beast and Man* (Methuen).
Miller, D. (1976) *Social Justice* (Oxford, Clarendon).
Miller, D. (1989) *Market, State and Community: Theoretical Foundations of Market Socialism* (Oxford, Clarendon Press).
Miller, R. (1975) 'Rawls and Marxism', in N. Daniels (ed.), *Reading Rawls* (Oxford, Blackwell).
Moore, H. (1988) *Feminism and Anthropology* (Cambridge, Polity).
Morgan, M., Calnon, M., and Manning, N. (1985) *Sociological Approaches to Health and Illness* (Croom Helm).
Myrdal, G. (1960) *Beyond the Welfare State* (New Haven, Yale University Press). 北川一雄監訳『福祉国家を越えて——福祉国家での経済計画とその国際的意味関連』ダイヤモンド社, 1963.
Nagel, T. (1971-2) 'War and massacre', *Philosophy and Public Affairs*, 1.〔該当論文は以下の論文集に所収〕永井均訳『コウモリであるとはどのようなことか』勁草書房, 1989.
Naroll, R. (1983) *The Moral Order: an Introduction to the Human Situation* (Sage).
Nevitt, D. (1977) 'Demand and need', in H. Heisler (ed.), *Foundations of Social Administration* (Macmillan).
Nickel, J. (1987) *Making Sense of Human Rights* (Berkeley, University of California Press).
Norman, R. (1976) *Hegel's Phenomenology* (University of Sussex Press).
Norman, R. (1983) *The Moral Philosophers* (Oxford, Clarendon). 塚崎智・樫則章・石崎嘉彦監訳『道徳の哲学者たち——倫理学入門』ナカニシヤ出版, 2001 (1998, second edition の邦訳).
Nozick, R. (1974) *Anarchy, State and Utopia* (Oxford, Blackwell). 嶋津格訳『アナーキー・国家・ユートピア——国家の正当性とその限界』木鐸社, 1995.
Obeyesekere, G. (1985) 'Depression, Buddhism and the work of culture in Sri Lanka', in A. Kleinman and B. Good (eds), *Culture and Depression: Studies in the Anthropology and Cross-Cultural Psychiatry of Affect and Disorder* (Berkeley, University of California Press).

O'Brien, M. (1981) *The Politics of Reproduction* (Routledge).
O'Neill, O. (1981) 'Nozick's entitlements', in J. Paul (ed.), *Reading Nozick* (Oxford, Blackwell).
O'Neill, O. (1986) *Faces of Hunger* (Allen and Unwin).
Osborne, P. 'Radicalism without limit?', in P. Osborne (ed.), *Socialism and the Limits of Liberalism* (Verso).
Overing, J. (ed.) (1985) *Reason and Morality* (Tavistock).
Parfitt, D. (1984) *Reasons and Persons* (Oxford, Clarendon Press). 森村進訳『理由と人格——非人格性の倫理へ』勁草書房, 1998.
Parsons, T. (1958) 'Definitions of health and illness in the light of American values and social structures', in E. Jago (ed.) *Patients, Physicians, and Illness* (New York, Free Press).
Partridge, E. (1981) 'Posthumous interests and posthumous respect', *Ethics*, 91, 243-64.
Pateman, C. (1988) *The Sexual Contract* (Cambridge, Polity).
Penz, P. (1986) *Consumer Sovereignty and Human Interests* (Cambridge University Press).
Pettit, P. (1980) *Judging Justice* (Routledge).
Phares, E. (1976) *Locus of Control in Personality* (Morristown, NJ, General Learning Press).
Plant, R. (1971) *Hegel* (Allen and Unwin).
Plant, R., Lesser, H. and Taylor-Gooby, P. (1980) *Political Philosophy and Social Welfare* (Routledge).
Plant, R. (1986) 'Needs, agency and rights', in C. Sampford and J. Law (eds), *Law, Rights and the Welfare State* (Croom Helm).
Plant, R, (1989) 'The neo-liberal social vision', in J. Elliott and I. Swanson (eds), *The Renewal of Social Vision* (University of Edinburgh Centre for Theology and Public Issues, Occasional Paper 17).
Platts, M. (1979) *Ways of Meaning* (Routledge).
Pogge, T. (1989) *Realizing Rawls* (Ithaca, Cornell University Press).
Rawls, J. (1972) *A Theory of Justice* (Oxford University Press). 川本隆史・福間聡・神島裕子訳『正義論』紀伊國屋書店, 2010.
Rawls, J. (1982) 'The basic liberties and their priority', in S. McMurrin

参考文献

(ed.), *The Tanner Lectures on Human Value*, 3 (Salt Lake City, University of Utah Press).

Raz, J. (1986) *The Morality of Freedom* (Oxford University Press).

Reiser, S. (1981) *Medicine and the Reign of Technology* (Cambridge University Press).

Renshon, S. (1977) 'Human needs and political analysis: an examination of a framework', in R. Fitzgerald (ed.), *Human Needs and Politics* (NSW, Rushcutters Bay, Pergamon).

Renteln, A. (1990) *International Human Rights: Universalism versus Relativism* (Sage).

Rist, G. (1980), 'Basic questions about basic human needs', in K. Lederer (ed.), *Human Needs* (Cambridge, Mass, Oelgeschlager, Gunn and Hain).

Roderick, R. (1986) *Habermas and the Foundations of Critical Theory* (Macmillan).

Rorty, R. (1980) 'Pragmatism, relativism, and irrationalism', *Proceedings and Addresses of the American Philosophical Association*, 53. [該当論文は以下の論文集に所収] 室井尚・吉岡洋・加藤哲弘・浜日出夫・庁茂訳『哲学の脱構築——プラグマティズムの帰結』御茶の水書房, 1985.

Rose, S., Lewontin, R. and Kamin, L. (1984) *Not in Our Genes: Biology and Human Nature* (Penguin).

Rowbotham, S. (1979) 'The Women's Movement and organizing for socialism', in S. Rowbotham, L. Segal and H. Wainwright, *Beyond The Fragments* (Merlin Press). 澤田美沙子・坂上桂子・今村仁司訳『断片を超えて：フェミニズムと社会主義』勁草書房, 1989.

Runciman, W. (1966) *Relative Deprivation and Social Justice* (Routledge).

Rustin, M. (1985) *For A Pluralist Socialism* (Verso).

Rustin, M. (1989) 'Post-Kleinian psychoanalysis and the post-modern', *New Left Review*, 173.

Sahlins, M. (1974) *Stone Age Economics* (Tavistock). 山内昶訳『石器時代の経済学』法政大学出版局, 1984.

Salmon, J. (ed) (1984) *Alternative Medicines* (Tavistock).

Sandbrook, R. (1985) *The Politics of Africa's Economic Stagnation* (Cambridge University Press).

Schutz, A. (1965) 'The social world and the theory of social action', in D. Braybrooke (ed.), *Philosophical Problems of the Social Sciences* (New York, Macmillan).

Segal, L. (1987) *Is the Future Female?* (Virago).

Seligman, M. (1975) *Helplessness* (New York, Freeman).

Sen, A. (1970) *Collective Choice and Social Welfare* (San Francisco, Holden-Day). 志田基与師監訳『集合的選択と社会的厚生』勁草書房，2000.

Sen, A. (1984) *Resources, Values and Development* (Oxford, Blackwell).

Sen, A. (1985) *Commodities and Capabilities* (Amsterdam, Elsevier) 鈴村興太郎訳『福祉の経済学：財と潜在能力』岩波書店，1988. .

Sen, A. (1987) *The Standard of Living: the Tanner Lectures*, ed. G. Hawthorn (Cambridge University Press).

Shah, N. (1989) 'It's up to you sisters: black women and radical social work', in M. Langan and P. Lee (eds), *Radical Social Work Today* (Unwin Hyman).

Singer, P. (1979) 'Famine, affluence and morality', in P. Laslett and J. Fishkin (eds), *Philosophy, Politics and Society* (Oxford, Blackwell).

Smith, B. and B. (1983) 'Across the kitchen table: a sister to sister dialogue', in C. Moraga and G. Anzaldua (eds), *This Bridge Called My Back: Writings by Radical Women of Color* (New York, Kitchen Table Press).

Smith, G. (1980) *Social Need: Policy, Practice and Research* (Routledge),

Soper, K. (1981) *On Human Needs* (Brighton, Harvester).

Soper, K. (1990) 'Feminism, humanism and post-modernism', *Radical Philosophy* (Summer).

Springborg, P. (1981) *The Problem of Human Needs and the Critique of Civilisation* (Allen and Unwin).

Stacey, M. (1988) *The Sociology of Health and Healing* (Unwin Hyman).

Stanley, L. and Wise, S. (1983) *Breaking Out: Feminist Consciousness and Feminist Research* (Routledge). 矢野和江訳『フェミニズム社会科学に向って』勁草書房，1987.

Stark, E. (1982) 'What is medicine?', *Radical Science Journal*, 12.

Steedman, I. (1989) *From Exploitation to Altruism* (Cambrige, Polity).

Szasz, T. (1961) *The Myth of Mental Illness* (New York, Harper and Row).

参 考 文 献

Tang Nain, G. (1991) 'Black women, sexism and racism: black or anti-racist feminism?', *Feminist Review*, 37.
Taylor, C. (1975) *Hegel* (Cambridge University Press).
Taylor, P. (1986) *Respect for Nature* (Princeton University Press).
Thompson, G. (1987) *Needs* (Routledge).
Timpanaro, S. (1975) *On Materialism* (New Left Books).
Townsend, P. (1962) 'The meaning of poverty', *British Journal of Sociology*, 18, 3.
Townsend, P. (1972) 'The needs of the elderly and the planning of hospitals', in R. Canvin and N. Pearson (eds), *Needs of the Elderly for Health and Welfare Services* (University of Exeter).
Townsend, P. (1979a) *Poverty in the United Kingdom* (Penguin).
Townsend, P. (1979b) 'The Development of Research on Poverty', in Department of Health and Social Security, Social Security Research, *The Definition of Poverty* (HMSO).
Townsend, P. (1981) 'An alternative concept of poverty', *Division for the Study of Development* (Paris, UNESCO).
Townsend, P. (1985) 'A sociological approach to the measurement of poverty - a rejoinder to Professor Amartya Sen', *Oxford Economic Papers*, 37, 659–668.
Townsend, P. (1987) 'Deprivation', *Journal of Social Policy*, 16, 2.
Trigg, R. (1984) 'The sociobiological view of man', in S. Brown (ed.). *Objectivity and Cultural Divergence* (Cambridge University Press).
Trigg, R. (1985) *Understanding Social Science* (Oxford, Blackwell).
UNICEF (1987) *The State of the World's Children* (Oxford University Press).『世界子供白書』日本ユニセフ協会.
Vincent, R. (1986) *Human Rights and International Relations* (Cambridge University Press).
Waldron, J. (ed.) (1984) *Theories of Rights* (Oxford University Press).
Wall, G. (1975) 'The concept of interest in politics', *Politics and Society*, 5, pp. 487–510.
Walzer, M. (1977) *Just and Unjust Wars* (New York, Basic Books). 萩原能久監訳『正しい戦争と不正な戦争』風行社, 2008.

Walzer, M. (1983) *Spheres of Justice* (Oxford, Blackwell). 山口晃訳『正義の領分——多元性と平等の擁護』而立書房, 1999.

Ware, A. and Goodin, Robert E. ed. "Relative Needs," *Needs and Welfare*, (London: SAGE) (1990) pp. 12–33.

Warr, P. (1987) *Work, Unemployment and Mental Health* (Oxford, Clarendon Press).

Weale, A. (1983) *Political Theory and Social Policy* (Macmillan).

Weigel, V. (1986) 'The basic needs approach: overcoming the poverty of homo oeconomicus', *World Development* 14, 2.

White, A. (1971) *Modal Thinking* (Oxford, Blackwell).

White, A. (1984) *Rights* (Oxford University Press).

White, S. (1988) *The Recent Work of Jürgen Habermas* (Cambridge University Press).

Wiggins, D. (1985) 'Claims of need', in T. Honderich (ed.), *Morality and Objectivity* (Routledge). 大庭健・奥田太郎監訳『ニーズ・価値・真理:ウィギンズ倫理学論文集』勁草書房, 2014.

Williams, A. (1974) '"Need" as a demand concept', in A. J. Culyer (ed.), *Economic Policies and Social Goals* (Martin Robertson).

Williams, F. (1987) 'Racism and the discipline of social policy: a critique of welfare theory', *Critical Social Policy*, (20 Autumn).

Williams, R. (1965) *The Long Revolution* (Penguin). 若松繁信・妹尾剛光・長谷川光昭訳『長い革命』ミネルヴァ書房, 1983.

Williams, R. (1973) *Communications* (Penguin). 立原宏要訳『コミュニケーション』合同出版, 1969 (原著初版, および第二版は 1960 年代に出ておりそのいずれかの邦訳).

Williams, R. (1979) *Politics and Letters* (Verso).

Winch, P. (1974) 'Understanding a primitive society', in B. Wilson (ed.) *Rationality* (Oxford, Blackwell).

Wolff, R. (1970) *In Defense of Anarchism* (New York, Harper and Row).

World Commission on Environment and Developmeut (1987) *Our Common Future (the Brundtland Report)* (Oxford University Press). 環境と開発に関する世界委員会『地球の未来を守るために』福武書店, 1987.

World Health Organisation (1983a) *Traditional Medicine and Health Care*

参 考 文 献

Coverage (Geneva, Switzerland, WHO).
Wright, P and Treacher, A. (eds) (1982) *The Problem of Medical Knowledge* (Edinburgh University Press).
Young, R. (1977) 'Science is social relations', *Radical Science Journal*, 5.
Yoxen, E. (1983) *The Gene Business* (Pan).

事 項 索 引

ア 行

アイデンティティ……13, 14, 20, 21, 66, 82, 98
悪魔の詩……………………………………37
新しい右翼 …………………2, 9, 11, 12, 30, 32
アメリカ合州国 ………………………………150
暗黙の社会契約 ………………………………105
医学 ……………………………………144, 153
イスラム…………………………………………37
依存………………………………………………46
一階の選好と二階の選好 ………………87, 98
逸脱者……………………………………………81
一般化可能な利益 …………………155, 156, 158
遺伝………………………………………………48
遺伝子工学 ……………………………………152
異文化 …………………………………………125
異邦人 ………………………………132, 136–138, 145
　　――の言語 ………………………………104
イラク …………………………………………149
因果性 …………………………………………135
インスリン………………………………………52
インド …………………………………………144
インフォームド・コンセント ………………157
インペアメント ……………………………72, 73
うつ………………………………………………79
　　――状態 …………………………………82, 84
　　――病 ………………………………………81
エコロジー …………………………………34, 35
エスノメソドロジー……………………………23
応答可能性………………………………………79

カ 行

外在的な厚生……………………………………28
解釈学 …………………………………………159
開発経済学………………………………………62
外部効果…………………………………………29
下位文化 ………………………………………101
解放 ……………………………………………145
科学……………………18, 19, 40, 144, 151, 152, 159
化学兵器 ………………………………………149
格差原理 ………………………………167, 170, 172, 178
学習 …………………………………77, 78, 101, 108, 143
核兵器 …………………………………………149
革命………………………………………………34
課税 ……………………………………137, 139, 178, 179
家族 ……………………………………38, 109, 163, 181
下部構造…………………………………………14
家父長制………………………………18, 107, 152, 181
カルト……………………………………………38
ガン………………………………………………74
環境汚染 ………………………………………186
環境規制 ………………………………………152
環境的責任 ……………………………………187
間主観性 ………………………………………158
感情………………………………………………56
感染症……………………………………………75
「完全な」義務 ………………………………117
官僚制 …………………………………………154
機会………………………………………………85
　　――の平等 ……………………………167, 171, 177
機械………………………………………………76

事項索引

危害……………32, 38, 39, 45, 49, 63, 70
　——回避……………………………69
機関……………136, 137, 139, 140, 144, 185
技術……………………111, 151-153, 158-160
希少性………………………130, 176, 179
規則………13, 38, 55, 77, 86, 98-102, 105-108, 110-114, 122, 123, 148, 158, 159, 161, 162, 177
技能………………13, 77, 94, 100, 109, 159
機能主義………………………………114
「希薄な」善の理論……………………171
規範的……………………………………55
基本財…155, 165, 169-171, 173, 177, 182, 188
基本的必要……61, 62, 71, 89, 95, 114-116, 129
　——の充足……………63, 105, 108, 164
　——の充足の水準の比較………………93
義務……115, 117-124, 126, 128-130, 133, 134, 136, 140, 169, 179, 186, 187
　——の実在性……………………………117
客観的……………………………………61
　——な人間の必要……………2, 3, 13, 155
　——な必要……………23, 25, 27, 40
　——利益………………………………75
教育……78, 110, 131, 144, 151, 152, 163, 170, 177-179, 181
共感………………………………………127
狂気………………………………………79
共同体………………………………20, 123
虚偽意識…………………………………40
ギリシャ…………………………………128
クォータ制………………………………154
グラクソ…………………………………142
軍事介入…………………………………148
形而上学…………………………………65
ケイパビリティ……………………………62
啓蒙………………………………………156

ゲーム……………………………………99
結核………………………………………73
結果の平等………………………………171
決定論………………………20, 21, 33, 43, 76
権威……28, 109, 111-113, 174, 177, 181, 183, 186, 190
　——主義………………………………98
　——主義的国家………………………154
言語………………13, 55, 77, 99, 108, 157
健康……71, 75, 76, 89, 90, 92-95, 100-103, 112, 115, 126, 131, 143, 144, 151, 163, 164, 170, 172, 178, 186, 189, 190
現象学…………………………………22, 24, 39
原初状態……166-168, 171, 172, 182, 184, 186, 188
権利……14, 32, 38, 56, 120-126, 129, 130, 133-135, 137, 139-141, 145-147, 154, 155, 160, 164, 165, 167, 169, 172-175, 177-179, 182-184, 186, 187, 189
　——義務………118, 123, 132, 138, 146, 147, 177
　——言説………………………………134
　——章典………………………………170
　——と義務との論理的関係性…………117
　——の実在性…………………………117
権力………………………………………113
　——機構………………………………102
行為……………………62, 65-67, 76
　——主体………………………………87
　——主体性……………………66, 67, 73, 97
　——主体性にかかわる自由……………98
　——主体性の自由……………………86, 88
　——主体性の自律……………………94
　——に対する責任……………………67
　——能力………………………………71, 97
交換のシステム…………………………105

事項索引

公教育……………………………………78
合憲性……………………………………155
公正………………………………………130
厚生………………………………………29
　　──経済………………………………62
　　──経済学……………………10, 27-29
　　──測定……………………………28
構成的活動………………104, 107, 108, 144
交戦の方式…………………………148, 149
構造の二重性……………………102, 103
行動………………………………………65
拷問………………………………………149
功利主義………10, 30, 38, 114, 127, 165, 187
合理性………………………………78, 79
　　──の欠如…………………………81
合理的選好………………………………31
国際必要税……………………………139, 185
黒人………………………………………16, 17
国民国家………………………138-140, 150, 185
国民的／文化的境界……………………147
個人主義……22, 83, 97, 98, 115, 172, 177, 179
国家……33, 38, 40, 113, 138, 140, 144, 162, 164, 176-178, 179
　　──機関……………………………138
　　──社会主義………………6, 21, 164
　　──主権……………………………148
古典的自由主義………123, 142, 169, 174, 178
子ども……………………………………106
コミットメント………128, 132, 133, 147, 188
コミュニケーション……46, 80, 110, 111, 154, 157-161, 163, 164, 167, 181, 183
根源的な必要……………………………34
根源的民主主義…………………………37

サ　行

最小限の必要充足………………………119

再生産………………102, 106-110, 181, 182
最善………………………………………130
最低限の合理性の条件…………………81
最低限の必要充足……120-122, 124-127, 134, 138, 140
最低水準の自律…………………………80
最低水準の必要充足……………………89
最適………………………………………129
　　──充足……………………………141
　　──水準の必要充足………………116
　　──な必要充足……130, 133, 134, 140, 145, 146, 184, 186, 187
　　──必要充足………………………127
差異の政治………………………………95
再分配………………………6, 170, 176, 179, 185
差し控え……………………………121, 134
参加……63, 64, 68, 70, 72, 73, 77, 80, 82, 85, 86, 88, 90-94, 117, 122, 123, 127, 159, 180, 183
　　──能力……………………………93
支援………………………………………121
ジェンダー………………………………18
資源の制約………………………………153
志向外的…………………………………53
志向的……………………………………52
　　──焦点……………………………68
自己決定………………………………32, 98
自己肯定…………………………………83
自己肯定感（self respect）…………78, 87
自己所有…………………………………66
自己の喪失………………………………78
自助………………………………………126
市場……11, 29, 31-33, 106, 111, 142, 170, 176
　　──の失敗…………………………29
私生児……………………………………107
慈善………………12, 116, 117, 139, 178, 179, 189
自然主義…………………………………127

215

事項索引

自尊……………………………………85
　──心………………………………168
シチズンシップ理論………………101
実在……………………………………23
実存主義…………………………45, 46
疾病（disease）………………72–75, 92
　──と病気（illness）………………81
私的言語………………………………77
私的主権………………………………10
私的所有……………………………179
　──権…………………………………6
支配的文化…………………………101
自文化中心主義………………17, 72
資本主義………4, 13, 14, 19, 21, 30, 32–35, 38, 111, 113, 132, 157, 162, 164, 176, 177
　──社会……………………………15
市民社会……………………………38
市民的自由…………………………164
社会化………98, 100, 102, 106, 108–110
社会学…………………………………40
社会契約……………………………182
　──論………………………………165
社会参加………………………81, 101
社会主義……3, 6, 22, 34, 35, 169, 171, 174, 176–178
社会進歩……………27, 89, 91, 162, 176
社会生活……………………………100
社会政策……………………………152
社会的生産関係……………………105
社会生物学…………………18, 47, 48
社会的構築物………………………23
社会的前提条件……………………102
社会的相互行為……………………20
社会的役割……………………77, 86
社会道徳………………………122, 123
社会福祉……………………………23
社会変化……………………………112
銃……………………………………29
自由……………………………………97
集権的民主主義国家………………154
私有財産制…………………………107
自由至上主義………12, 31, 121, 179
自由主義………………6, 97, 169, 171
囚人のジレンマ……………………29
充足手段（satisfiers）……49, 89, 90, 93, 95, 102
集団………………………36, 37, 95, 101
　──相対主義………………………18
　──的記憶…………………………111
主観的幸福…………………………84
主観的選好…………………………28
主観的満足…………………………56
主観主義………………………………16
宿命論…………………………………81
出産……………………………106, 108
需要………………………………9, 10
障害……………………………………89
障害者…………………………………95
消極的権利……………165, 166, 178, 179
消極的自由……………………100, 172, 174
焦点目的………………………………70
衝動（drives）………………………43–45
消費者主権………………………27, 29
植民地化………………………162, 163
植民地主義……………………………15
女性………95, 106–109, 141, 163, 182
女性器切除……………………17, 132
所有……………………………………29
自律……31, 61, 66–70, 75, 76, 78–95, 97–100, 103, 112, 115, 116, 131, 138, 143, 144, 149, 154, 162, 164, 168, 172, 174, 177, 178, 186, 189, 190

——性 …………………………………126
——的な行為主体…………………87
——的人間………………………98
——の水準………………………76
事例検討会 …………………………161
人格 ……………………6, 87, 88, 116
——性 ……………………………65
——的成長………………………131
——的統一性……………………87
神経症…………………………………84
人権 …………………………………184
信仰 …………………………………124
深刻な危害 ……………………62, 94, 101
新古典派経済学………………………10
新古典派経済理論……………………27
人種差別主義………………16, 36, 42, 126
人種的抑圧……………………………95
人生計画………………………………64
身体の健康……………………………61
——の消極的定義………………72
人道主義………………………………42
進歩……………………………………22
真理……………………………………22
心理学 ……………………………34, 47
人類学 ……………………14, 93, 108, 109
人類学者 ……………………………104
すばらしい新世界……………………56
生活形態…………………………90, 100
——への参加……………64, 70, 94
生活世界 …………………………161-163
正義 ……………………………113, 132
——論 …………………………165
性差別主義………………………36, 108
生産活動 …………………104, 106, 108
政治権力の分散 ……………………180
政治的自由……………………86, 88, 94, 97, 98

生殖 …………………………………108, 110
精神医学………………………………79
精神疾病………………………………81
精神障害…………………………81, 84
精神的健康 ……………………78, 79, 82, 83
精神病 ……………………………79, 81, 82
精神分析……………………………47, 84
正戦論 ………………………………146
生存 ……………………………………67-71
生態圏 ………………………………189
正統性 ………………………………131
生物医学 …………………………74, 75
——モデル………………………72
生物学……13, 14, 18, 34, 35, 43, 45, 48, 72, 108, 164
制約 ………………………14, 80, 98, 100
——と決定………………………47
セーフティネット……………………32
世界食糧銀行 ………………………126
世界政府 ……………………………185
世界保健機構 ………………………139
責任………65, 66, 76, 80, 84, 116, 117, 119, 122, 134-138, 140, 143, 162, 187
——の「べきである」………………115
責務 ……………………115, 116, 125, 128, 134, 183
赤痢 …………………………………92
積極的権利 ……………………165, 166, 178, 179
積極的自由 ……………………………100, 174
切迫した必要 ………………………135
善………124, 128, 129, 130, 132, 133, 135, 138, 144, 146, 147, 155, 165, 169, 171, 175, 184, 188
選好……2, 5, 9, 10, 12, 16, 28, 30, 33, 40, 43, 49, 55, 56, 61, 90, 123, 130, 152, 154, 155, 160, 175
潜在力…………………………………62

事項索引

戦争 …………………………………145
　——における正義 ……………148
　——への正義 …………………148
選択………66, 84-87, 97, 98, 100, 123, 151, 169
　——能力 ……………………65, 86
善の構想………………………………62
専門家 ……………159, 161-163, 181, 183
専門職集団……………………………23
戦略 ……………………………50, 51, 151
相互行為 ………………62, 63, 75, 77, 104
相互性 ………………………………118
創造性 …………………………………38
相対主義……9, 21, 22, 27, 31, 33, 36, 37, 39, 41
　-43, 54, 55, 64, 72, 73, 79, 82, 89, 90, 104, 123,
　140-143, 151, 154, 164, 165
尊厳の感覚……………………………87

タ行

第三世界 ……………5, 124, 138, 139, 141, 185
卓越性 …………………………128, 129
多元主義 ……………………20, 21, 36, 38
他者 ……………………97, 98, 110, 131
タバコ ……………………………49, 51
他文化 …………………………………94
チェス …………………………………99
地に呪われたる者たち………………36
着手 ……………………………………76
中国 ………………………………75, 144
抽象的個人主義 ……………………114
中心的価値観 ………………………113
直観 …………………………………165
　——主義 …………………………165
通約可能性 …………………………123
帝国主義 ………………………36, 91, 141
敵 ……………………………………145
適性 ……………………………………32

適切水準………………………………89
哲学 ……………………………………62
手続き的正義 ………………………170
テロス ………………………………188
伝統 ……………………………41, 90, 144
　——医療 …………………………74
　——文化 ………………………91, 111
討議 ……………………155, 156, 158, 159, 164
道具性 ………………………………157
道具的理性 …………………………163
道徳的コード ……………122, 129, 144
道徳的自己参与 ……………………132
道徳的実践的な不確定性 …………153
道徳理論 ……………………………115
糖尿病…………………………………52
動物 ………………………………45, 46
討論 …………………………………157
徳 ……………………………65, 123, 133, 149
徳性 ……………………………189, 190
特定の必要……………………………95

ナ行

ナチス…………………………………39
南部……………………………………83
二重戦略 …………………………5, 183
二足歩行 ……………………………75
日常生活………………………………23
人間解放 ……………………140, 142, 143, 162
人間性…………………………………22
人間的開花………………2, 3, 53, 170, 171
人間的解放……………………………4
人間本性………………………………13
ネオリベラリズム ………………4, 32
ネオリベラル ………………………32

事項索引

ハ 行

剥奪……………24, 29, 40, 41, 63, 138, 139
母親………………………………………107
反科学主義………………………………16
反人種差別運動…………………………83
反人種差別主義………………………16, 36
反省…………………………………87, 162
反性差別主義……………………………16
必要充足の最適化 ……………172, 174, 175
必要とするということへの理由………51
必要と選好…………………………32, 33, 84
必要と欲求……………………………51, 53–55
必要に関する言明………………………53
必要の言明 …………………………49, 56
批判的自律…………………………86, 88, 94
批判的反省………………………………88
評価の循環…………………………28, 29, 31
病気 (ill, illness)…………71, 74, 75, 81, 92
平等主義……………………………131, 168
平等性……………………………………122
平等な機会………………………………169
貧困………………………………………32
貧困線…………………………………40, 61
ファシズム………………………………39
フェミニスト ………………36, 96, 108, 109
福祉国家……4, 27, 34, 131, 137, 139, 162, 174, 176, 184
福祉サーヴィスへの平等なアクセス……131
福祉の実施機関…………………………121
仏教………………………………………79
物質的生産 ………………………103–106, 108
物象化……………………………………163
普遍化可能な目標 ……………………50, 68
普遍主義…………………………………33, 127
普遍性……………………………43, 165, 181

普遍的……………………………………61
富裕度……………………………………29
「フリーライダー」のディレンマ………137
武力革命…………………………………146
文化……36, 37, 42, 49, 55, 82, 90, 101, 102, 104, 107, 108, 110–112, 115, 117, 122, 124, 127
　——相対主義……………………13, 141
　——帝国主義……………………15, 36, 144
　——的価値………………………………128
　——的伝達…………………………109, 110
　——的伝統………………………………90
　——的統合………………………………101
　——的理解力……………………………110
分業 …………………………104, 105, 110, 112
分権化された民主制 …………………155
分配システム……………………106, 111
べきである………………………………3, 56
法…………………………………………113
法化…………………………………162, 163
法の支配…………………………………167
暴力………………………………………148
保守主義……………………………11, 12
ポスト構造主義…………………………22
ポストモダニズム……………22, 141, 164
母性…………………………………47, 107, 109
ホロコースト……………………………39
本質主義……………………………18, 21
本性……………………14, 22, 33, 35, 45–47, 56
翻訳………………………………………104

マ 行

「マクシミン」基準……………………167
麻薬………………………………………45
マルクス主義……13, 21, 33–35, 142, 156, 157, 177
　——者……………………………………157

事項索引

未婚の母 …………………………………107
緑の意識…………………………………35
身の回り（home）……………………116, 136
未来世代 ……………………………187, 189
民主主義…………………5, 37, 160, 177, 180, 181
民主制 ……………………………154, 157, 167
無意識 ……………………………………47, 84
無知のヴェール ……………166, 184, 186, 188
無力感 ……………………………………81, 83
メンバーシップ ………………………………123
目標（goal）……43, 44, 48, 49, 50, 57, 62, 113, 128, 151, 178, 181
　規範的 ……………………………………54

ヤ　行

役割 ……………………………103, 110, 112
　──関係的な予防的優先順位 …………155
優位性 ……………………………………44
勇敢さ ……………………………………91
勇敢な行為…………………………………48
幼少期……………………………………47
抑圧 ……………………36, 86, 87, 95, 127, 149
抑制 ……………………………………143
欲望充足…………………………………63
よそ者 ……………………………124, 133

欲求 ………………………28, 43, 49, 51, 168
　──関係……………………………………31
　──充足………………………28, 29, 30
　──についての言明……………………52
予防………………………………………74

ラ　行

ラディカル・フェミニスト……………………17
利益……10, 69, 70, 158, 164, 166, 168, 172, 186
理解……………………76, 111, 159, 163, 166
利己主義 …………………………123, 127
理性 …………41, 45, 65, 80, 156, 157, 161, 165
理想………………………………………22
　──関係的………………………………31
　──的発話状況 ……………………158, 174
利他性……………………………………83
立憲体制 …………174, 175, 180, 182, 184, 186
立憲的原理 ………165, 166, 169, 180, 181, 185
理由 ……………………51, 66, 100, 104
料理の伝統………………………………89
臨床監査 ………………………………161
歴史 ……………………………142, 143, 157
労働者階級 ……………………………157
労働の対価 ……………………………111

#　人　名　索　引

ア 行

アーチャー …………………………101
アイゼンシュタイン ………………106
アウグスティヌス …………………123
アリストテレス ………………65, 123
アロー ………………………………160
アロノウィッツ ………………………19
ウィギンズ ……………………61, 122
ヴィンセント ………………………141
ウィンチ ………………………………55
ウェーバー …………………………156
ウェッブ夫妻 ………………………180
ウォルツァー ……………19-21, 37, 141
エンツェンスベルガー ………………35
オニール ……………………………134
オベイエスケレ ………………………79

カ 行

ガットマン ……………………180, 181
ガンディー …………………………165
カント …………………………65, 66, 183
ガントリップ …………………………84
キーン ……………19, 21, 22, 37, 38, 141
ギデンズ ……………………………103
グッディン ……………………125, 136
グレイ …………………………………12
ゲラス ………………………………149
ゲワース ………………………61, 119

サ 行

サルトル ………………………45, 47
サルマン・ラシュディ ………37, 124
シェイクスピア ……………………125
シャー …………………………………16
シュッツ ………………………………39
ジョン・スチュアート・ミル ……141
スタンレー ……………………………18
〔C. L.〕スティーブンソン ………70
スミス …………………………………23
セジウィック …………………………82
セン ……………………………28, 62, 160

タ 行

ダーウィン ……………………………80
タウンゼント ……………24, 40, 61, 63, 101
ティトマス …………………………101
ティムパナロ …………………………35
デイリー ………………………………18
デカルト ………………………………65
デュルケム …………………104, 113, 116
ドイヨルとハリス ……………99, 103
ドゥオーキン …………………38, 87, 88
〔アンドレア・〕ドウォーキン ……18
トーニー ……………………101, 168, 180
トムソン ……………………44, 61, 68-70

ナ 行

ノージック ……………12, 32, 121, 178, 179

人名索引

ハ 行

ハーストとウーリイ……79
ハーディン……126
ハーバマス……155–157, 159–167, 174, 175, 177, 180, 181, 183
ハイエク……12, 32
ハクスリー……56
〔ブライアン・〕バリー……31
ハリス……64
バリントン・ムーア……104
ヒューム……127, 130
ヒンデス……39
ファイヤーアーベント……41
ファインバーグ……70
ファノン……36
プラトン……65
プラント……32
プラントとレッサー……61, 115
フルフォード……80
ブレイブルック……61, 77, 85, 103
ブレンターノ……75
フロイト……34, 47, 80, 83, 84, 162
ホワイト……162
ペイトマン……181, 182
ヘーゲル……34, 113, 131, 142, 143, 151
ヘラー……15, 19
ベンサム……10
ペンズ……29
ボアース……80
ポッゲ……172, 173
ホメイニ……37, 124
ポル・ポト……165
ホワイト……118

マ 行

〔T. H.〕マーシャル……101, 180
マクファーソン……176
マズロー……44
マッカーシー……159
マッキンタイア……123, 128, 189
マルクス……13, 20, 33, 104, 105, 143, 162
ミジリー……45, 47
ミュルダール……184
ミラー……63, 64, 160, 176
ミラーとハリス……75
〔J. S.〕ミル……117, 180
メルローズ……142

ヤ 行

ヤホダ……82

ラ 行

ラクラウとムフ……19–21, 37, 141
ラズ……87
ランシマン……24
リー……33
ルソー……116, 161
ローズ……47
ローティー……23
ロールズ……155, 165–169, 171–174, 176–178, 180–182, 184, 186, 188
ロック……146, 179
ロビンソン・クルーソー……77, 100

ワ 行

ワー……83
ワイズ……18

監訳者紹介
馬嶋　裕（まじま・ひろし）
　　1968年生．大阪産業大学・甲南大学非常勤講師．倫理学．
山森　亮（やまもり・とおる）
　　1970年生．同志社大学経済学部教授．社会政策・経済学．
　　『ベーシック・インカム入門』（光文社新書，2009）ほか．

訳者紹介
遠藤　環（えんどう・たまき）
　　1975年生．埼玉大学経済学部准教授．開発経済学，地域研究．『都市を生きる人々：バンコク・都市下層民のリスク対応』（京都大学学術出版会，2011）ほか．
神島裕子（かみしま・ゆうこ）
　　1971年生．中央大学商学部准教授．政治哲学・倫理学．『マーサ・ヌスバウム――人間性涵養の哲学』（中央公論新社，2013）ほか．

著者紹介

L. ドイヨル（Len Doyal）
　1944年生．ロンドン大学クィーンメアリー校名誉教授．医療倫理学．

I. ゴフ（Ian Gough）
　1942年生．バース大学名誉教授，およびロンドン・スクール・オブ・エコノミクス客員教授．社会政策・経済学．

必要の理論

2014年10月30日　第1版第1刷発行

著者　　L. ドイヨル
　　　　I. ゴ　　フ
監訳者　馬　嶋　　　裕
　　　　山　森　　　亮
訳者　　遠　藤　　　環
　　　　神　島　裕　子
発行者　井　村　寿　人

発行所　株式会社　勁草書房
112-0005　東京都文京区水道 2-1-1　振替 00150-2-175253
（編集）電話 03-3815-5277／FAX 03-3814-6968
（営業）電話 03-3814-6861／FAX 03-3814-6854
理想社・松岳社

©MAJIMA Hiroshi, YAMAMORI Toru　2014

ISBN978-4-326-60270-4　Printed in Japan

JCOPY〈㈳出版者著作権管理機構 委託出版物〉
本書の無断複写は著作権法上での例外を除き禁じられています．複写される場合は，そのつど事前に，㈳出版者著作権管理機構（電話 03-3513-6969，FAX 03-3513-6979，e-mail: info@jcopy.or.jp）の許諾を得てください．

＊落丁本・乱丁本はお取替いたします．
　http://www.keisoshobo.co.jp

A. セン　大庭　健・川本隆史 訳
合理的な愚か者
　　　　経済学＝倫理学的探究
四六判　3,000円
15217-9

A. セン　志田基与師 監訳
集合的選択と社会的厚生
A5判　3,000円
50186-1

Ch. クサカス・Ph. ペティット
嶋津　格・山田八千子 訳
ロールズ
　　　　『正義論』とその批判者たち
四六判　3,000円
15322-0

D. パーフィット　森村　進 訳
理由と人格
　　　　非人格性の倫理へ
A5判　10,000円
10120-7

T. フィッツパトリック
武川正吾・菊地英明 訳
自由と保障
　　　　ベーシックインカム論争
A5判　3,600円
60185-1

P.V. パリース　後藤玲子・齊藤　拓 訳
ベーシック・インカムの哲学
[新装版]　すべての人にリアルな自由を
A5判　6,000円
10192-4

宇佐美誠・濱真一郎 編著
ドゥオーキン
　　　　法哲学と政治哲学
A5判　3,300円
10208-2

——————————————————— 勁草書房刊

＊表示価格は2014年10月現在．消費税は含まれておりません．